Serge Belinski

INVESTIR EN BOURSE ET GAGNER

LES FONDAMENTAUX

2e édition

MAXIMA

Conception graphique de la couverture : Studio Dunod
Mise en pages : Nord Compo

Maxima est une marque de Dunod Éditeur
11 rue Paul Bert, 92240 Malakoff

ISBN 978-2-8188-1214-3

Sommaire

Partie 2
Les bases de l'analyse financière

Remerciements

Je vous remercie pour le temps que vous avez consacré à ce livre et j'aimerais également manifester ma gratitude à chaque personne que j'ai rencontrée dans ma vie : j'ai appris quelque chose de chacune de ces rencontres.

Sans elles, je n'aurais rien à raconter : c'est donc à toutes ces personnes que revient le mérite de ce livre.

Introduction

Lorsque j'ai décidé d'investir en Bourse par moi-même, j'ai d'abord pensé à me former – ce qui est sans doute un bon réflexe dans toute nouvelle entreprise. À l'époque, je n'étais pas trop « branché Internet » et suis donc allé à la Fnac. Le premier livre sur lequel je suis tombé était *Et si vous en saviez assez pour gagner en Bourse ?* de Peter Lynch. Je l'ai acheté sans réfléchir tant son titre avait éveillé mon intérêt.

Dans ce livre absolument incroyable, le gérant star a écrit un petit chapitre qui m'a marqué : « L'Action parfaite ». Mais qu'est-ce qu'une Action parfaite ? Pour l'auteur, elle doit avoir les caractéristiques suivantes.

1. L'entreprise a un nom ennuyeux et une activité tout aussi ennuyeuse.
2. L'entreprise est un *spin-off* (nous en reparlerons).
3. Les investisseurs institutionnels ne possèdent pas d'actions de cette entreprise et les analystes ne la suivent pas.
4. Des rumeurs et opinions infondées circulent sur elle.
5. Il y a quelque chose de déprimant dans le métier de l'entreprise et dans l'entreprise elle-même.
6. Le marché de l'entreprise n'est pas en forte croissance.
7. Il existe une niche.
8. Des personnes continuent à acheter les produits de l'entreprise.
9. L'entreprise n'est pas technologique, mais utilise la technologie.
10. Les initiés achètent des actions.
11. L'entreprise rachète ses actions.

Depuis, j'ai toujours rêvé de trouver une telle entreprise.

J'ai lu ensuite d'autres livres, aussi bien d'analyse fondamentale que d'analyste technique. J'ai tout de suite été attiré par l'approche fondamentale, car je comprends qu'une action est simplement une part d'entreprise. Ainsi, si l'entreprise sous-jacente est bonne, l'action devrait bien faire. N'est-ce pas totalement logique ?

J'ai aussi compris qu'il fallait avoir un horizon à long terme : à court terme, les cours de Bourse peuvent vraiment faire n'importe quoi, on ne peut les prévoir. À long terme, ils rejoignent les fondamentaux de l'entreprise sous-jacente. D'ailleurs, il y avait justement eu une crise au moment où je lisais le livre de Lynch. Les cours avaient fortement plongé et c'est ce qui m'avait donné envie de me lancer.

J'avais également découvert l'existence du grand investisseur Warren Buffett et ses citations amusantes, comme : « C'est lorsque la marée se retire que l'on voit ceux qui se baignent nus », ou encore : « Soyez avides lorsque les autres sont craintifs et craintif lorsque les autres sont avides ». Suivant son sage conseil, j'ai acheté un abonnement à *Value Line* et ai commencé à étudier des entreprises américaines en commençant par la lettre A.

Je n'ai pas trouvé l'Action parfaite mais j'ai trouvé des actions qui avaient plusieurs de ces critères et ce, dès la lettre A.

J'ai alors eu la chance de gagner pas mal d'argent pensant à tort qu'il s'agissait de mon talent, mais ce n'étaient que les circonstances. J'ai mis longtemps avant de comprendre que cela n'avait rien à voir avec moi : je suis juste entré en Bourse à un bon moment et eu la chance de lire les bons conseils de Warren Buffett. Ce n'est que bien des années plus tard, lorsque plus rien n'allait fonctionner, que je compris mes limites.

Cela n'enlève rien à ce que j'ai appris en chemin et que je m'apprête à partager ici. Mes acquis de bon sens et d'analyse financière, de même que mes erreurs, devraient vous être utiles.

Partie 1

Les leçons de l'expérience

1

Comment gagner… et comment perdre

1. Comment gagner de l'argent ?

La simplicité est l'ultime sophistication

Voici un exemple d'investissement simple et profitable dont vous pouvez vous inspirer sans danger – il a déjà fait ses preuves.

Il s'agit d'un *spin-off*, c'est-à-dire d'une société qui a été scindée de sa maison mère pour être cotée en Bourse séparément.

Par exemple, le groupe hôtelier Accor a très longtemps possédé une filiale de tickets restaurants (Edenred). Dans le prix d'Accor en Bourse, on incluait donc à la fois l'activité hôtelière et Edenred. Mais le management et les actionnaires d'Accor pensaient que tout cela n'était pas pleinement valorisé par le marché, et les actions de la filiale Edenred ont été redistribuées aux actionnaires en 2010. Cette distribution d'actions d'une filiale aux actionnaires fut le *spin-off* de la filiale.

Voici un autre exemple de ce type de transaction. En mars 2012, ConocoPhillips distribue à ses actionnaires les actions de sa filiale Phillips 66 *via* une transaction de *spin-off*. Phillips 66 est le n° 2 mondial de la raffinerie. Trois mois après sa scission, l'entreprise s'échangeait en Bourse pour un prix total de toutes ses actions inférieur à 30 milliards de dollars, soit sept fois ses profits moyens sur cinq ans et moins de cinq fois ses profits de l'exercice précédent.

Le chiffre d'affaires était en croissance et le retour sur les capitaux employés (immobilisations et besoin en fonds de roulement) de quasiment 20 % – une performance exceptionnelle dans l'industrie du raffinage. Le management pensait alors pouvoir améliorer cette performance et s'est par ailleurs engagé à retourner de façon agressive le capital aux actionnaires (par le biais de dividendes et de rachats d'actions). Il était lui-même actionnaire du groupe et ses intérêts étaient donc bien alignés. Une société si rentable et compétitive, gérée dans l'intérêt de ses actionnaires et qui s'échange à cinq fois ses profits : on croyait rêver ! Cela revenait à acheter une obligation avec un coupon de 20 %.

Et il y avait quelques détails supplémentaires intéressants : des participations dans diverses joint-ventures portées à 10 milliards de dollars (alors qu'elles généraient collectivement un profit de presque 3 milliards de dollars) et des stocks inscrits sous leur valeur de remplacement (car comptabilisés en LIFO).

Si on assignait un multiple habituel de dix fois les profits aux joint-ventures, elles valaient à elles seules 30 milliards de dollars, soit la capitalisation boursière totale de l'entreprise. Toutes les autres activités de l'entreprise (dont le raffinage) venaient gratuitement. Sans même compter les dix milliards de stocks, que fallait-il imaginer pour perdre de l'argent sur un tel investissement ?

Si vous vous contentez de faire ce type d'investissement, il ne vous arrivera rien de mauvais. Malheureusement, je n'ai pas su être aussi discipliné durant toute ma vie d'investisseur.

Investir au son du canon

En octobre 2011, l'action Bank of America s'échangeait au quart de sa valeur comptable et au tiers de sa valeur comptable tangible (la mesure la plus fiable de sa valeur liquidative). Je pensais également à ce moment-là qu'elle s'échangeait à un multiple de deux fois ses profits normalisés.

■ Plus de 40 % de rendement ?

La rentabilité des fonds propres (ROE) d'une banque américaine comparable à Bank of America oscille traditionnellement entre 10 et 20 %. On pouvait donc se dire qu'en achetant les fonds propres de Bank of America au quart de leur valeur comptable, on générait un « rendement locatif » d'au moins 40 % par an. À titre de comparaison, les banques régionales s'échangeaient à environ une fois et demie leur valeur comptable tangible, et à dix à douze fois leurs profits normalisés.

Pourtant, Bank of America leur était supérieure en tous points : avec près d'un Américain sur deux comme client, qui pouvait vraiment rivaliser ? Sa taille lui permettait d'avoir une collecte moins chère (beaucoup de clients y ouvrent spontanément leurs comptes) et son activité de courtage et de conseil en investissements financiers de sa filiale Merrill Lynch dominait son secteur.

■ Le son du canon

Grâce aux gigantesques crédits d'impôts hérités de ses pertes au moment de la crise des *subprimes*, Bank of America allait en plus être exemptée de taxes sur ses futurs profits. Alors, pourquoi le titre était-il bradé à ce point ? Plusieurs facteurs pouvaient l'expliquer :

- un profit qui tardait à se normaliser, la faute aux procès, amendes et restructurations ;
- des coûts d'emprunts élevés auprès des marchés de crédit ;
- des incertitudes sur les prêts immobiliers (après la crise des *subprimes*) ;
- des incertitudes sur le bon déroulement du programme de réduction des coûts ;
- des incertitudes sur le contexte réglementaire (Bâle III) ;
- un contexte économique chahuté (crise de l'euro notamment) ;
- un historique de gestion déplorable sous la précédente direction, avec notamment les acquisitions de Countrywide Financial (l'un des principaux acteurs de la crise des *subprimes*) et de Merrill Lynch.

Mais ce sont souvent les incertitudes qui créent l'opportunité.

■ Le coussin de provisions

Le changement de direction ouvrait pourtant de réelles perspectives de redressement. Le nouveau PDG, Brian Moynihan, dont le *curriculum vitae* incluait deux redressements (FleetBoston et Merrill Lynch), avait décidé de réorienter la banque vers son cœur de métier : le crédit et le courtage. Le succès n'a pas tardé à se matérialiser *via* un résultat pré-taxes pré-provisions de 42 milliards de dollars par an.

Pourquoi le marché ne le voyait-il pas ? Parce que la banque avait passé des provisions contre les procès et poursuites à venir d'environ 46 milliards de dollars. Comme la demi-vie d'un prêt est de huit ans en moyenne, la majorité des mauvais prêts devait naturellement s'éteindre vers 2015-2016. Les procès devaient également prendre fin un jour. Une fois ces deux échéances atteintes, Bank of America pourrait alléger ses provisions et son résultat net se rapprocherait alors de son profit pré-taxes pré-provisions.

■ La réduction des coûts et du levier

Le plan de réduction des coûts prévoyait de supprimer 40 000 postes. Les économies réalisées devaient atteindre 5 milliards de dollars par an en 2013, puis 15 milliards par an à partir de 2015. L'effet de levier avait été divisé par trois en cinq ans pour devenir le plus faible parmi les grandes banques américaines : il était inférieur à dix, soit quatre fois moins que celui de certaines banques européennes comme la Deutsche Bank ou le Crédit Agricole. Ainsi, Bank of America parvenait à faire ses profits en prenant moins de risques que ses pairs.

■ Le bilan « forteresse »

Par ailleurs, les liquidités à court terme étaient négatives en 2009 : pour 40 milliards de dollars de cash, 75 milliards de dollars d'actifs échangeables à la valeur du marché et 25 milliards de dollars de dérivés, il y avait environ 300 milliards de dollars de dettes à court terme.

La situation s'est cependant nettement arrangée en 2011 : pour 150 milliards de dollars de cash, 100 milliards de dollars d'actifs échangeables à la valeur du marché et 10 milliards de dollars de dérivés, on comptait 40 milliards de dollars de dettes à court terme.

Bank of America était ainsi devenue l'une des banques les mieux capitalisées au monde. Elle disposait de 380 milliards de dollars en liquidités à court terme (+72 % par rapport à l'exercice précédent). Et au sujet des dettes souveraines européennes, son exposition était très limitée (3 % des actifs).

■ Le scénario du pire

Et si ni les 40 milliards de dollars de provisions, ni les futures rentrées de cash (30 à 40 milliards de dollars pré-taxes pré-provisions) ne suffisaient à solder les procès ? Et s'il fallait du capital supplémentaire pour répondre aux exigences réglementaires ? Qu'est-ce que cela donnerait ?

Le capital de Bank of America se diviserait en 10,133 milliards d'actions.

En effet, en imaginant que la banque doive lever 50 milliards de dollars au prix de 5 dollars par action (le prix d'octobre 2011), il faudrait émettre dix milliards d'actions : alors, il y aurait 20,133 milliards d'actions en circulation et une action ne représenterait plus que la moitié de sa propriété initiale. Nous récupérerions donc la moitié de notre valeur comptable dans ce scénario.

Cela signifierait que le ratio cours bénéfice normalisé passerait de 2 à 4 (soit un rendement locatif de 25 %). Il serait donc difficile de perdre son argent même si le bénéfice par action était divisé par deux.

■ L'opportunité exceptionnelle

On pourrait aussi raisonnablement attendre de la banque qu'elle délivre une rentabilité des fonds propres d'au moins 10 % : d'ici dix ans, la valeur comptable dépasserait alors les 30 dollars.

Puisque l'action de Bank of America s'échangeait historiquement à environ une fois et demie sa valeur comptable, on obtiendrait par action 30 × 1,5 = 45 dollars de prix « équitable », soit huit fois le prix du moment. La marge de sécurité (sur les actifs comme sur la capacité bénéficiaire) était écrasante.

Investir dans les marchés de niche

En 2011, Salem Communications était la première radio chrétienne nord-américaine et la troisième radio sur les marchés dits Top 25, c'est-à-dire ceux où vit la moitié de la population. Par effet d'échelle, les marges des stations sont les plus généreuses. En effet, le secteur de la radio a des caractéristiques attractives : 93 % des adultes américains écoutent la radio au moins une fois par semaine.

Malgré l'hégémonie d'Internet, la part de marché de la radio dans les budgets publicitaires était restée stable (en moyenne 8 % en 1980, 7 % en 2010). D'accès gratuit, la radio cible une audience étendue (en Amérique, des dizaines de millions d'auditeurs sur les plus gros marchés) et touche toutes les générations. Pour l'annonceur, le coût de la publicité y est deux fois inférieur à celui de la télévision. Les entreprises de radio sont donc peu intensives en capital : le budget nécessaire à la maintenance des stations représente typiquement 1 % du chiffre d'affaires. Aussi, l'essentiel des ventes est converti en cash.

Du côté des faiblesses, les stations ont souvent une forte dépendance vis-à-vis de la publicité locale, où les budgets diminuent, en particulier depuis 2009. Salem n'échappait pas à la tendance : ses revenus publicitaires étaient passés de 108 millions de dollars en 2006 à 77 millions en 2011. La société avait cependant un positionnement atypique : c'était une radio chrétienne, un business de niche en croissance (+ 39 % d'auditeurs depuis 2002). Salem possédait de plus 99 stations géographiquement diversifiées et développait ses activités d'édition (papier et *online*) : ces dernières représentaient 15 % du chiffre d'affaires. Ainsi, en 2009, malgré la récession, le revenu pré-taxes pré-amortissements de Salem n'avait baissé que de 2 %, quand celui des concurrents avait fréquemment chuté d'au moins 30 %. Aussi, Salem dégageait

18,5 millions de dollars (ou 0,76 dollar par action) de cash pour ses actionnaires. La société cotait alors 50 millions de dollars, soit 2 dollars par action : il suffisait donc de trois années de *cash-flow* pour récupérer sa mise.

Une entreprise avec les caractéristiques de Salem (sans croissance mais protégée par de fortes barrières à l'entrée sur sa niche) aurait dû s'échanger à un multiple d'au moins dix fois ses profits cash, soit ici 7,6 dollars par action. À 2 dollars l'action, la marge de sécurité était substantielle. Pourquoi une telle décote ?

Nous sortions à l'époque d'une crise financière et Salem était sans doute négligée par les institutionnels du fait de sa petite capitalisation, d'une faible liquidité (son président détenait 56 % du flottant) et d'une dette conséquente (250 millions de dollars). Et sa dette n'avait pas d'échéances avant décembre 2016. La compagnie la remboursait d'ailleurs agressivement (47,5 millions de dollars avaient été remboursés sur les deux derniers exercices). Cela devait ainsi diminuer le coût des intérêts et augmenter le *cash-flow*. Toute reprise économique qui amènerait une réévaluation des budgets publicitaires aiderait également.

À trois fois ses profits cash, un investissement dans l'action Salem Communications permettait de supposer que la récompense serait largement au-dessus des risques. L'action a atteint sa juste valeur dès 2012.

Mais soulignons tout de même que, quelques années plus tard, l'entreprise cherchera à se diversifier, s'endettera de nouveau et sa survie se retrouvera menacée : d'où la nécessité de lire périodiquement les rapports des entreprises pour éviter de se retrouver dans une telle situation !

D'ailleurs, remarquez combien cet exemple remet en question le principe de diversification, soi-disant une base de la finance : si vous avez un très bon business, pourquoi aller y ajouter des business inférieurs ? La même question peut être posée pour un portefeuille boursier. Attention cependant : si vous gérez un portefeuille concentré, il faut être sûr que vous y mettez vraiment de très bonnes affaires.

Investir dans les jeux d'actifs

Pourquoi faire de savants calculs et analyses financières lorsqu'on peut simplement acheter plus de 300 millions d'immobilier pour 70 millions ? Le tout est en plus livré avec un business rentable qui génère lui-même 70 millions de profit cash.

Pourquoi entrer en compétition avec des financiers aguerris sur des dossiers qui demandent des capacités d'analyse subtiles quand vous pouvez tranquillement miser sur une action que seul un petit investisseur peut acheter (parce que les dirigeants possèdent plus de 90 % de l'entreprise et que l'entreprise continue de racheter régulièrement ses actions) ? N'était-ce pas une configuration extraordinaire ?

En plus, l'investissement était éligible au PEA.

■ « Etam Développement »

La société française, plus que centenaire, est implantée partout sur le territoire (spécialement dans les centres-villes) et possède des marques connues de tous (Etam, 1,2,3 et Undiz). Son métier est simple à comprendre : Etam achète de la lingerie en gros et la revend au détail. Elle bénéficie même d'un avantage compétitif : en tant que marque n° 1 en France, elle a les coûts de production unitaires les plus bas.

Avec une capitalisation boursière de 70 millions d'euros, on parle d'une entreprise de taille modeste avec un certain potentiel de croissance qui génère des profits cash chaque année, en particulier en Europe.

■ L'inefficience du marché

La société s'échangeait à une fraction de sa valeur comptable et de sa valeur liquidative (il y avait beaucoup d'immobilier de centre-ville au bilan) et à une fois son profit cash (ce qui revient à un rendement « locatif » de 100 % pour l'actionnaire). Elle rachetait aussi massivement ses actions, ce qui était extrêmement relutif[1] pour ses actionnaires.

Enfin, la société n'était suivie par aucun analyste et aucun investisseur institutionnel ne possédait ses actions : réduit à peau de chagrin par les rachats d'actions massifs, le flottant ne leur permettait pas de prendre position. Cela renforçait l'inefficience du marché et permettait au petit investisseur de l'exploiter pleinement.

Cela ne pouvait que fonctionner : le management a fini par retirer l'entreprise de la cote à un multiple de notre cours d'achat, bien que, à mon sens, le prix ne reflétait pas pleinement la valeur de l'immobilier.

---

1 « Relutif est un terme qui qualifie une opération financière qui a pour conséquence d'accroître la valeur d'une structure et notamment la part de bénéfices par action. Parmi les opérations relutives les plus fréquentes, on peut noter notamment les rachats d'actions (pour annulation) par les entreprises qui ont pour effet de diminuer le nombre d'actions et d'augmenter le montant du bénéfice par action restante. » Source : *mataf.net*

2. Comment perdre de l'argent ?

Investir dans des jeux d'actifs qui ne retournent pas de capital aux actionnaires

Fin décembre 2017, j'avais acheté des actions KDM Shipping pour environ 2,1 % du portefeuille. Au cours de 4 PLN (zloty polonais), la capitalisation boursière de l'entreprise était de 10,53 millions de dollars. Or, la position de cash net de dettes financières de l'entreprise était de 19,1 millions de dollars et sa valeur comptable de 32,5 millions de dollars. Le tableau semblait alléchant.

KDM était un transporteur maritime ukrainien qui avait par ailleurs une activité de réparation de bateaux. L'entreprise avait connu des difficultés opérationnelles depuis la crise ukrainienne en 2013, mais effectuait un travail remarquable sur les coûts et la gestion de son portefeuille d'activités pour maintenir une importante position de cash net de dettes. J'avais cependant limité mon exposition à 2,1 % du portefeuille car les risques semblaient nombreux :

- l'entreprise n'était plus profitable depuis 2013 ;
- une poursuite de la dégradation de la conjoncture en Ukraine pouvait creuser les pertes de KDM ;
- l'entreprise versait des dividendes avant la crise, mais rien ne laissait penser qu'elle en verserait à nouveau : dans ce cas, la valeur du cash de l'entreprise pourrait être difficile à matérialiser pour un actionnaire minoritaire ;
- KDM était une entreprise familiale, contrôlée à 70 % par ses fondateurs. Tout activisme était donc à exclure ;
- l'entreprise reportait en dollars, était cotée en zloty polonais (PLN) et faisait également des transactions en monnaie ukrainienne.

KDM est revenue aux profits, mais je n'ai pas perçu de dividende. J'ai vendu mes actions avec 50 % de perte. Plus tard, l'entreprise a purement et simplement arrêté de communiquer avec ses actionnaires. C'était un désastre : je n'allais pas renouveler ce genre d'aventures de sitôt.

Investir dans une entreprise en redressement

En février 2014, j'achetais des actions Sears Holdings. Je pensais alors que ce serait l'investissement de ma vie tant la décote sur ses actifs était conséquente. En plus, j'avais passé beaucoup de temps à analyser la société et le gérant star Bruce Berkowitz y était massivement investi.

C'était la troisième plus grande position du portefeuille du fonds que je gérais à l'époque (Investisseur Français) et elle représentait 20 % du portefeuille.

■ Ce que voyait le marché

Sears Holdings devait faire faillite parce que les deux grands distributeurs qu'elle possédait, Sears et Kmart, étaient en déclin. Tout allait mal pour eux, les ventes à périmètre constant ne faisaient que baisser et n'étaient pas profitables (pertes cash moyennes de l'ordre de 500 millions de dollars par an chez Sears Holdings). La concurrence était féroce et Sears ne pouvait pas affronter les Walmart, Amazon, Home Depot ou Costco de ce monde en termes de prix. Aussi, il semblait que le business était voué à disparaître et aucun analyste ne recommandait l'achat de Sears Holdings.

Tout laissait à penser qu'il fallait vraiment être fou pour y aller car, nous disait-on, ce business ne se retournera jamais.

■ Ce que je voyais

Je voyais une structure de holding complexe qui demandait une analyse. Sears Holdings, ce n'était pas seulement Sears et Kmart, c'était aussi :

- 51 % de Sears Canada ;
- SHC Realty ;
- Sears Re ;
- Sears Auto Centers ;
- Shop Your Way ;
- Sears Home Services ;
- Craftsman ;
- Kenmore ;
- Die Hard ;
- Lands'End ;
- un business de gestion de garanties ;
- des marques comme Kardashian Collection, Joe Boxer, Sandra Lee, Sofia, Country Living ;
- des business de développement immobilier.

Et d'autres encore…

De plus, tout était structuré de sorte qu'en cas de banqueroute de l'une de ces activités, les autres ne seraient pas concernées. Le tout était proposé pour 4,3 milliards de dollars.

■ La somme des parties valait bien plus

J'ai ensuite fait une analyse par « somme des parties » pour valoriser la société. L'analyse était un peu complexe. Disons simplement que KCD (l'entité avec les marques Kenmore, Craftsman et Die Hard) et Lands'End valaient déjà plus ou moins le cours de Bourse, et tout le reste venait gratuitement.

Les parts dans Sears Canada cotaient déjà quasiment 1 milliard de dollars, Home Services valait aussi au moins cela et, cerise sur le gâteau, nous obtenions en plus tout le parc immobilier de Sears qui était l'un des plus importants des États-Unis. Au bilan, la valeur des biens immobiliers de Sears était estimée à 6,186 milliards et affichait une dépréciation cumulée de 4,633 milliards.

Seulement, l'immobilier ne se déprécie pas dans le temps, bien au contraire. La valeur d'acquisition totale de ces biens par la compagnie était de près de 11 milliards (valeur dépréciée + dépréciation). Par ailleurs, Sears avait acquis ses biens il y a fort longtemps, certains il y a près de 100 ans. Ceux-là étaient dépréciés au bilan à une valeur très faible alors qu'ils avaient pris beaucoup de valeur.

Je pensais donc que l'immobilier devait valoir un multiple de son prix d'acquisition. Disons au moins 22 milliards, voire plus si Sears daignait remettre les biens en bon état. Je pensais par ailleurs que le management, bien que décrié par Wall Street, saurait extraire cette valeur.

■ Un CEO avec un bon historique

Edward S. Lampert était à la tête de Sears Holdings. C'était un grand investisseur qui avait pendant 24 ans retourné 29 % par an aux actionnaires de son *hedge fund*.

Chez Sears Holdings, il semblait plus que conscient de la sous-valorisation des actifs puisqu'il a fait racheter à l'entreprise 30 % de ses actions et achetait des actions Sears (aussi bien pour son *hedge fund* que pour lui-même).

■ Une configuration prometteuse

Sears Holdings possédait un jeu d'actifs très sous-évalué avec un management aligné. La seule chose qui semblait pouvoir me faire mal était que les pertes finissent par annihiler la valeur des actifs. Avec quelqu'un de rationnel (un gérant star de *hedge fund*) aux commandes, ce scénario me paraissait exclu : il s'arrêterait avant, pensais-je alors.

■ Google

En 2012, Julien Lepage d'Amiral Gestion investit dans Google. On parle d'un leader mondial, un quasi-monopole qui délivre une croissance de 20 % par an, proposé à douze fois les profits. Un bilan surchargé en cash, des retours sur capitaux supérieurs à ceux de Coca-Cola ou de Nike et une position compétitive inattaquable : la qualité intrinsèque de l'affaire est telle qu'un simple rachat d'actions et un dividende suffisent à assurer un bon rendement pour les actionnaires.

Dix-huit mois plus tard, Julien Lepage avait déjà doublé le capital qu'il avait investi dans Google.

■ Les points communs

On peut trouver six points communs entre ces trois investissements extraordinaires. Il s'agit :

- d'entreprises et de marques plébiscitées sur les cinq continents ;
- qui disposent d'une capacité à augmenter leurs prix de vente tous les ans ;
- qui disposent de budgets publicitaires difficiles à égaler pour la concurrence ;
- qui ont des retours sur capitaux phénoménaux ;
- qui bénéficient d'une croissance soutenue ;
- qui traversent une adversité passagère.

Quand croissance et valeur se rejoignent…

Ce que Simpson, Buffett ou Lepage ont fait, chacun aurait pu le faire de chez lui, sans recours à de savants calculs ni analyses poussées : tout le monde sait intuitivement qu'on parle ici de bons business, il n'y a même pas besoin de le prouver. Bon sens, courage puis patience donnent un résultat remarquable.

Une véritable opportunité, en particulier sur ce type de business, ne doit pas être boudée. Lorsqu'elle se présente, passez à l'action !

2

En route vers l'Action parfaite

1. L'après Sears Holdings

C'est peu dire qu'après mon investissement sur Sears Holdings, je me détestais.

Non seulement mon propre portefeuille avait perdu presque la moitié de sa valeur mais, en plus, des centaines de membres de l'Investisseur Français m'avaient suivi dans cet investissement.

En théorie (comme chaque site qui parle de Bourse est tenu de le rappeler dans ses contenus), chacun sait qu'il investit son propre argent et qu'il est seul responsable de ses investissements. Mais la théorie et la pratique ne se rejoignent pas souvent : beaucoup m'en voulaient (en oubliant bien sûr au passage tous les bons investissements que j'avais identifiés, un comportement tout à fait normal et connu en psychologie).

Le club de l'Investisseur Français était apparenté à un « *club sears* » et son gérant était devenu un escroc qui faisait payer des gens pour investir dans Sears. Même si c'était dur, je devais faire quelque chose pour redresser la performance. J'ai décidé d'entreprendre un projet ambitieux : étudier toute la cote française, de A à Z.

En effet, j'avais beaucoup étudié la cote américaine à travers Value Line, mais je n'avais jamais pris le temps de faire une étude approfondie de la cote française. La difficulté est qu'il n'y avait pas de Value Line pour cette cote : il existait juste quelques services de *screening* tels que Stockopedia ou Value Signals, mais ils ne répondaient pas à mes attentes. Il fallait donc faire son propre Value Line. J'ai commencé seul d'abord, puis avec une équipe de quatre analystes que j'ai engagés pour ce projet.

Ils ont fait un travail remarquable. Beaucoup auraient protesté face à l'ampleur de la tâche : le projet était long, ennuyeux et peu épanouissant (on parle de remplir des feuilles Excel sur 800 entreprises), mais ces analystes le faisaient consciencieusement, sans broncher.

Début 2019, nous étions prêts, avec notre « Value Line français ». Cela nous a permis d'identifier immédiatement quelques opportunités d'investissements pour nos abonnés : Amundi, Akwel, Voyageurs du Monde, Union Financière de France, Guillin, ADL Partners, Velcan Holdings et *vente-unique.com*, qui venait d'être séparée de la CAFOM par une transaction de *spin-off* partiel.

Voyez-vous, lorsque vous êtes trop dans le métier et la tête dans le guidon, vous oubliez ce que vous êtes venu chercher. J'ai analysé toutes ces entreprises comme un analyste normal, en cherchant des critères que je considérais comme gagnants tout en faisant des contrôles standards. C'est ainsi que j'ai analysé le *spin-off* de *vente-unique.com* : j'ai trouvé l'entreprise intéressante, mais sans plus. C'était un distributeur de meubles 100 % en ligne qui se disait leader en Europe sur son activité.

Je ne voyais rien d'autre qu'une simple entreprise avec une bonne dynamique financière : belle croissance des ventes, une croissance des bénéfices plus modérée car ces derniers étaient réinvestis dans leur logistique, d'excellents retours sur capitaux investis et une forte génération de *cash-flow* (avec un *cash-flow* libre significativement supérieur au bénéfice historique). Si l'on prenait une référence de cours à 4,7 €, on payait l'entreprise à treize fois les profits normalisés de 2017 (en retraitant l'impact du déménagement d'un entrepôt), ce qui me semblait très modéré au vu des perspectives de croissance de l'activité.

Hervé Giaoui, le fondateur de CAFOM, semblait d'accord avec ce constat et venait d'investir pas loin de 2 M€ dans les actions de *vente-unique.com* à des cours plus élevés. J'en ai acheté un peu parce que je n'étais pas trop sûr des perspectives de leurs investissements dans la logistique qui pouvaient déprimer leurs profits. Quelques mois plus tard, je les ai revendues pour privilégier une entreprise fortement sous-évaluée par rapport à ses actifs, Kelt Exploration. Comme nous le verrons, j'ai été véritablement aveugle sur ce coup-là.

2. Le Covid-19

L'épidémie de Covid-19 et les mesures prises par les gouvernements ont privilégié certaines entreprises au détriment d'autres. Je n'avais vraiment pas prévu ce point : j'étais investi dans des entreprises qui cotaient très en-dessous de la valeur de leurs actifs et qui exerçaient dans des activités physiques.

Avec l'effondrement des cours du pétrole, mes actions Kelt Exploration étaient en moins-value de 50 %. Le 7 septembre 2020, je rachète des actions *vente-unique.com* à un prix de 7 € par action. Elle se négociait toujours au même multiple de ses profits (qui ont progressé entre temps), mais je m'attendais maintenant à ce qu'ils progressent bien plus.

Et dire que j'avais vendu ces actions à un cours plus bas pour privilégier Kelt Exploration ! Mais tant pis, on ne refait pas le passé : au moment présent, l'entreprise se négociait à un cours plus élevé, mais ses fondamentaux étaient bien meilleurs qu'espéré initialement. Inversement, Kelt se négociait à un cours plus bas et ses fondamentaux étaient moins bons qu'espéré.

Les mesures de confinement et de couvre-feu avaient accéléré une nouvelle habitude de consommation : acheter des meubles en ligne. *vente-unique.com* devait en bénéficier et c'est exactement ce qui arriva : la croissance des ventes de l'entreprise a été nettement accélérée, devenant supérieure à 40 % par an, et je ne voyais pas pourquoi cela s'arrêterait.

3. Le réveil

Après avoir laissé quelques mois aux abonnés de l'Investisseur Français pour profiter de l'opportunité s'ils le souhaitaient, je suis passé à l'action plus sérieusement. Le 26 novembre 2020, je rachète des actions *vente-unique.com* à 9 €, puis continue les jours suivants jusqu'à 10,25 €, tout en vendant toutes mes autres positions. Ainsi, le 30 novembre 2020, je me retrouve avec un portefeuille composé à 100 % d'actions *vente-unique.com.*

Qu'est ce qui m'a pris ? Suis-je devenu fou ? Peut-être, mais je me suis souvenu d'une chose. J'ai commencé à investir en Bourse en rêvant de trouver l'Action parfaite de Peter Lynch. Et elle était là, sous mon nez, depuis deux ans. Je l'avais même eue en portefeuille. Mais après toutes ces années, j'avais la tête dans le guidon et j'ai été incapable de la reconnaître rapidement.

Il aura fallu tout ce chemin pour retrouver un semblant de lucidité. Je comprends aujourd'hui que sans tous ces échecs, aussi bien l'épisode Sears que la crise du Covid-19, cela n'aurait jamais été possible.

Les échecs n'ont rien de mauvais en soi : ce ne sont que des enseignements que la vie nous offre. Ce sont de beaux cadeaux qui sont là pour nous rappeler qu'il faut revenir aux bases, c'est tout. Et c'est vrai dans tous les domaines de la vie. C'est juste que nous ne le comprenons pas ainsi lorsque nous perdons de l'argent, que ce soit 10 000 euros, 1 million d'euros, 100 millions ou des milliards d'euros. Nous sommes alors trop focalisés sur les euros plutôt que sur la seule chose essentielle que l'on peut faire dans une vie : s'améliorer en tant qu'individu, en tirant tous les enseignements d'une situation. D'ailleurs, la seule chose que nous contrôlons réellement, c'est ce qui se passe en nous.

Après avoir travaillé sur moi-même, j'ai eu la chance de retrouver un esprit clair, en revenant sur les bases, tant de la vie que de l'investissement. Si les meilleurs sportifs passent le plus clair de leur temps à travailler sur les bases de leur discipline, ce n'est sans doute pas pour rien. Même quand ils deviennent champions du monde, ils continuent à travailler leurs bases, parce qu'ils savent qu'il est essentiel de ne pas les oublier.

Ainsi, si vous êtes perdu, quel que soit le domaine, revenez toujours aux bases. Les bases sur les marchés financiers, ce sont les taux d'intérêts et le ratio cours/bénéfices (PER, pour *Price Earnings Ratio* en anglais, parfois simplement appelé PE). Si le rendement « locatif » de votre investissement, défini par 1/PER est élevé par rapport aux taux d'intérêts et s'il a de belles perspectives de croissance (c'est-à-dire si les bénéfices ont de belles perspectives de croissance), alors vous avez un bon cocktail. C'est tout !

Les graphiques présentés par Peter Lynch dans ses livres (surtout le second, *Beating the Street*) montrent bien que le cours suit les bénéfices à long terme. À court terme, on peut aussi bénéficier d'une expansion du multiple de valorisation, mais même cette simple considération n'est pas une base. J'ai investi 100 % de mon portefeuille dans *vente-unique.com* parce qu'il est évident que je ne trouverai pas un aussi bon investissement de sitôt. Avec un rendement de plus de 5 % qui croit exponentiellement (disons 50 à 100 % par an) dans un monde avec des taux à zéro, on ne peut qu'arriver à un résultat exceptionnel sur le long terme. Ça, c'est véritablement basique, et je suis sûr que ça va fonctionner.

En aparté, *vente-unique.com* est une franchise d'exception, avec de très hauts retours sur capitaux investis qui pourront être tenus sur le très long terme, comme c'était le cas pour Nike ou Coca-Cola par exemple. De plus, leurs perspectives de croissance sont plus que prometteuses car la société a une part de marché de l'ordre de 0,5 % en France et de 8 000 fois moins en Europe.

J'ai toujours rêvé d'avoir ce type d'entreprise en portefeuille car l'investissement est très simple à gérer : il suffit de se reposer pour recevoir un excellent rendement et un dividende attractif sur son investissement. Et voyons comme elle passe merveilleusement bien tous les critères de Peter Lynch pour l'Action parfaite.

- **Le nom et l'activité sont ennuyeux.** *vente-unique.com* SAS n'est certainement pas le nom le plus sexy qui soit. Comparez cela à Wayfair, Home24, Slack, Tesla, etc. Ils vendent des meubles en Europe en ligne : quoi de plus ennuyeux à faire dans sa vie ? Les gens veulent être artistes ou changer le monde, pas vendre des meubles en ligne.
- **Les contraintes logistiques sont horribles.** Même Amazon n'en veut pas ! Les gens disent souvent qu'il faut voir et toucher un meuble avant de l'acheter : de ce point de vue, vendre des meubles en ligne paraît totalement stupide. Et pourtant, ils ont un historique de profitabilité de 15 ans dans ce business. Récemment, leur marge d'EBITDA a même dépassé 10 %.
- **C'est un *spin-off*.** La division a été séparée en 2018 de sa maison mère CAFOM (Centrale d'achat française pour l'Outre-mer), un autre candidat pour le titre du nom et de l'activité la plus ennuyeuse au monde ! CAFOM détient toujours la majorité des actions *vente-unique.com*. Les institutions n'en possèdent pas et les analystes ne suivent pas la valeur. Tant pis pour eux : ils se joindront à la fête à des prix bien plus élevés.
- **Certaines rumeurs et opinions infondées circulent.** L'activité a toujours été considérée douteuse depuis son lancement par CAFOM car, paraît-il, on doit voir et toucher les meubles avant de les acheter. Maintenant, ceux que nous avons interrogés pensent que Wayfair les battra sur leur terrain (pourtant, la logistique est un business local et *vente-unique.com* est leader sur ses marchés). Enfin, l'entrepreneur Hervé Giaoui n'est pas apprécié à sa juste valeur parce qu'il a racheté la marque Habitat (pour CAFOM). La transaction n'avait rien à voir avec *vente-unique.com* et était juste une erreur qui lui a fait vivre quelques épreuves difficiles entre 2014-2019. D'ailleurs, s'il n'avait pas commis cette erreur, CAFOM n'aurait pas eu besoin de faire le *spin-off* de *vente-unique.com* et je n'aurais pas pu faire ce que j'ai fait.
- **Il y a quelque chose de déprimant.** Le business en lui-même est déprimant. Pour ne rien arranger, il est toujours relativement petit après 15 ans d'existence (125 millions de ventes, 10 millions d'EBITDA, moins de 5 millions de résultat net).

- **C'est un marché qui n'est pas à forte croissance.** L'ameublement et l'Europe sont des marchés matures et à faible croissance. Le mélange des deux est détonant.
- **Il y a une niche.** Amazon, qui veut pourtant tout vendre, ne veut pas aller dans ce business : c'est la meilleure preuve de l'existence d'une niche. Ils ont mis 15 ans à construire leur logistique actuelle et à avoir plus de 80 % de clients satisfaits à la première livraison en France (plus du double du taux de satisfaction de Wayfair). Cela leur permet d'avoir les marges les plus élevées de leur secteur (c'est la seule entreprise de vente en ligne de meubles profitable en Europe, avec plus de 10 % de marge d'EBITDA sur le second semestre 2020).
- **Les gens continueront à acheter leurs produits.** La décoration de la maison est un loisir pour beaucoup. Les ménages aiment changer leurs meubles et *vente-unique.com* est une des manières les plus économiques de le faire en Europe. On sait d'ailleurs, grâce à l'analyse de Wayfair aux États-Unis et de Home 24 en Allemagne, que les clients existants commandent en moyenne de plus en plus de meubles chaque année.
- **Ils utilisent la technologie mais ne sont pas une entreprise technologique.** C'est un business entièrement fondé sur Internet, mais qui est en réalité un business de logistique.
- **Les initiés achètent des actions.** Hervé Giaoui, président du conseil d'administration, a acheté pour quelques millions d'actions depuis le *spin-off* et Sacha Vigna, directeur général, en a acheté également.
- **L'entreprise rachète ses propres actions.** C'est bien le cas, même si le flottant est réduit.

Tout y est ! Affaire à suivre…

3

Quelques conseils pour investir sereinement en Bourse

1. Uniquement de l'argent dont on n'a pas besoin

À moins que vous ne trouviez tout de suite une Action parfaite ou un business d'exception à un prix raisonnable, vous avez toutes les chances de faire des erreurs. Ce n'est pas grave : une erreur est simplement un enseignement de la vie. C'est en réalité un cadeau, même si on ne le perçoit pas souvent (il m'a fallu longtemps pour le comprendre).

Pour que vous ne vous en vouliez pas et que vous puissiez tirer le meilleur enseignement de vos erreurs, investissez uniquement de l'argent dont vous n'avez pas besoin. C'est le premier conseil que l'on a toujours donné sur l'Investisseur Français et je le répète ici car, pour moi, c'est réellement le plus important.

Comme nous l'avons vu, il existe différentes manières de gagner ou de perdre de l'argent en Bourse : certaines fois, ces gains ou pertes sont mérités, d'autres fois, ils sont aléatoires. Même avec un bon travail de fond, on peut toujours avoir des imprévus (comme les restrictions liées au Covid-19 qui ont terrassé Reitmans et fait souffrir le secteur pétrolier, ou encore simplement un management qui se met à faire des acquisitions pour diversifier son business, comme chez Salem Communications).

C'est seulement si vous êtes à l'aise avec l'idée de perdre 100 % du montant que vous investissez que vous pouvez bien vivre vos investissements.

2. Attention à la dette

La première chose à faire lorsqu'on s'intéresse à une société cotée est de s'assurer qu'elle sera toujours là demain. Comment ?

Une des causes qui met une société à terre est son incapacité à rembourser ses dettes. Donc notre premier réflexe doit être de regarder sa dette financière. L'étape suivante consiste à savoir si cet endettement est ou non un problème pour l'entreprise.

Cas facile : la dette est couverte par la trésorerie

Le moyen le plus rapide et le plus efficace pour le savoir est de s'assurer de la présence d'une trésorerie suffisante pour payer toutes les dettes. S'il y a de l'argent dans les caisses, l'entreprise pourra rembourser facilement sa dette quand elle le souhaite.

Cas général : surveiller les échéances des dettes et estimer si elles seront remboursées

Quand vous connaissez le montant de la dette de votre entreprise et qu'elle n'est pas confortablement couverte par sa trésorerie, vous voudrez savoir quand l'entreprise devra rembourser cette dette et si elle sera en mesure de le faire. Pour cela, regardez les échéances de la dette.

Considérons le cas de la société SoLocal en 2016. Si l'on regarde son bilan au 31/12/2015, on observe les chiffres suivants :

- 53,7 M€ de trésorerie ;
- 1 118 M€ de dettes à long terme ;
- 21,9 M€ de dettes à court terme.

La dette nette (dette financière – trésorerie) s'élève donc à 1,08 milliard d'euros (1 118 + 21,9 – 53,7).

L'échéance des dettes figure dans les notes annexes du bilan de l'entreprise. On apprend en les lisant que la totalité de la dette financière de SoLocal de 1,1 milliard doit être remboursée au printemps 2018 (en mars et en juin précisément).

Une fois cette première étape réalisée, il faut vérifier si l'entreprise sera capable de rembourser cette dette à ladite échéance grâce à ses résultats. Ici, il suffit de regarder les lignes résultat net ou résultat opérationnel du compte de résultat et de juger s'il y a une chance que l'entreprise puisse rembourser.

Avec un bénéfice de 26 M€ en 2015, il était difficile de voir comment SoLocal allait rembourser ses dettes en 2018. Même si son bénéfice passait à 100 ou 200 M€, cela ne suffisait pas. Une restructuration était clairement à prévoir, mais beaucoup d'investisseurs ont pourtant été surpris. Si vous voulez éviter les plus gros problèmes, évitez d'investir dans ce genre de situation.

3. Quelques stratégies rationnelles

Cette démarche s'appuie sur quelques constats issus du bon sens et de mes expériences (bonnes comme mauvaises). Voici ce que j'en ai retiré.

1. À long terme, le succès d'un business ne peut résulter que d'un « bon » emploi de ses capitaux. Les échecs résultent forcément d'un « mauvais » emploi des capitaux.
2. À long terme, le rendement d'un investissement gravite autour des retours du business sur l'emploi de ses capitaux. Ce retour sera augmenté ou diminué selon le prix payé au départ (surtout au cours des premières années de détention), mais le rendement sera toujours le « centre de gravité ».
3. Un investissement dans un business qui n'a pas un « bon » retour sur ses capitaux investis peut donner un rendement très attractif lorsqu'un business cote très en-dessous de la valeur de ses actifs, mais seulement à court terme (2-3 ans par exemple). Garder un tel business à long terme fera redescendre le rendement de l'investissement à son centre de gravité (le rendement du business) et donnera un résultat médiocre. Un investisseur qui s'engage sur ce type d'opportunités doit savoir vendre assez rapidement, parfois prématurément, dès lors que le cours de Bourse progresse, s'il veut espérer maintenir de bons rendements à long terme.

Les corollaires de ces observations

1. Il est important, pour chaque investissement de long terme, de formuler clairement son hypothèse sur le retour sur capitaux employés du business à cet horizon.

2. Chaque investissement dans un business qui décote sur ses actifs comporte une part spéculative conséquente si rien ne permet d'anticiper avec confiance un retour sur capitaux investis au moins décent à long terme.
3. Un investissement qui comporte une part spéculative mentionnée ci-dessus doit être limité sur une durée bien définie (2-3 ans par exemple) et idéalement comporter des catalyseurs susceptibles de se manifester bien avant.
4. Dans tous les cas de figure, un tel investissement doit être diversifié (par des investissements similaires ou d'autres investissements, peu importe).
5. Il est imprudent d'investir à long terme dans des business où l'on n'a aucune idée du possible retour sur capitaux employés à long terme.
6. Il semble raisonnable de pondérer ses investissements selon le degré de confiance dans la capacité du business à atteindre l'hypothèse de retour sur ses capitaux employés.
7. Pour éviter une suractivité, il semble utile de privilégier autant que possible les business susceptibles d'avoir de bons retours sur capitaux employés à long terme. Cela permet de bien dormir dans les cas extrêmes (crise financière, Bourse fermée X années…).
8. Investir dans des businesses à retours sur capitaux employés « bons » et relativement prévisibles sur une longue période semble être une bonne manière de ne pas perdre d'argent à long terme.
9. Pour surpondérer un investissement, il faut être vraiment sûr de la capacité du business à générer de bons retours sur ses capitaux.
10. Le manque de confiance sur l'hypothèse de retour sur capitaux investis d'un business à l'avenir doit être compensé par une diversification adéquate.

Les approches d'investissement intelligent possibles

Sur la base de ces réflexions, on peut se dire que, pour générer de bons retours avec une prise de risque raisonnable, nous avons le choix entre trois démarches.

1. **Une hyper-concentration** dans des business qui ont et sont susceptibles de maintenir de hauts retours sur leurs capitaux investis.
2. **Un portefeuille diversifié** d'entreprises qui allouent leur capital mieux que la moyenne. Idéalement, on les paierait au prix d'un business moyen, voire médiocre (le meilleur des cas).

3. **Un portefeuille diversifié et spéculatif** d'entreprises qui cotent très en-dessous de la valeur de leurs actifs que l'on tourne régulièrement (disons maximum 3 ans).

La première démarche correspond au portefeuille concentré de l'Investisseur Français. La seconde à la formule magique de Joël Greenblatt et aux sélections diversifiées de l'Investisseur Français. La troisième est la méthode des « net-nets » popularisée par Benjamin Graham et bien connue des investisseurs chevronnés, que le site Les Daubasses (*www.daubasses.com*) applique avec succès depuis 2008. Je vous invite chaleureusement à visiter leur site si vous souhaitez l'appliquer : vous gagnerez énormément de temps et bénéficierez de l'expérience des auteurs.

4. La sélection concentrée de l'Investisseur Français (IF)

La sélection de l'IF est une liste d'actions de sociétés choisies avec soin. Les entreprises sont sélectionnées sur la base de plusieurs critères devenus de plus en plus exigeants avec le temps. Le but est de réduire le nombre d'erreurs et optimiser ses chances de réaliser une belle performance sur le long terme indépendamment de l'environnement de marché. Vous trouverez ci-après les principaux critères que je recherche dans les entreprises que je souhaite intégrer dans cette sélection.

Une activité compréhensible

Je veux uniquement des entreprises dont je comprends l'activité. Concrètement, cela signifie que j'aime comprendre dans quoi et comment elles investissent leur capital et quel retour on peut raisonnablement en attendre.

Par exemple, une entreprise pharmaceutique peut investir dans la recherche et le développement pour développer de nouveaux médicaments. Dans la plupart des cas (à l'exception de ceux où le management a déjà un historique sur un grand nombre de projets similaires), je ne serai pas capable d'évaluer le retour potentiel de ces investissements. Cela signifie que je passerai alors mon chemin après avoir étudié l'activité de l'entreprise.

Inversement, si une entreprise achète, par exemple, des objets en gros pour les revendre au détail et délivre des retours sur investissement de plus de 20 % par an sur plus de 10 ans, je vais poursuivre l'étude pour déterminer s'il s'agit d'un bon investissement.

Une équipe dirigeante ou un business extraordinaire

Je pense que la qualité de l'équipe joue énormément dans la qualité d'une entreprise, notamment dans celles de petite taille. Comme dans le sport, les meilleures équipes obtiennent les meilleurs résultats sur le long terme et ce, même lorsque l'activité de l'entreprise ne fait pas rêver.

Si les activités de Walmart, Costco (leaders mondiaux de la grande distribution) ou Fastenal (leader mondial de la distribution de vis et de boulons) n'ont rien d'extraordinaire *a priori*, les équipes qui ont construit ces business ont un historique d'exécution incroyable sur plusieurs décennies. C'est ce qui leur a permis d'avoir des retours sur investissement élevés tout au long de leur histoire, alors que leurs concurrents ont des retours très faibles ou négatifs. Aussi, j'aime être impliqué aux côtés d'équipes qui ont démontré un historique de succès sur au moins une décennie. Il semblerait que le succès passé soit (en moyenne) la meilleure manière de prédire le succès futur et mes erreurs passées ont fortement renforcé cette conviction.

Il arrive cependant qu'une équipe ait tellement bien ficelé son business qu'il se gère ensuite presque « tout seul » : c'est le cas de certains leaders mondiaux comme Coca-Cola, Pepsi, Visa, Mastercard, etc. Ces entreprises peuvent démontrer des retours sur investissement élevés sans que nous n'ayons besoin de vérifier avec soin l'historique de leur leadership.

Un prix qui intègre la majorité des risques et imprévus de l'activité

Lorsque nous payons un prix trop cher pour de belles perspectives, notre rendement sera médiocre. De la même manière qu'il est évident qu'un bien immobilier en plein cœur d'une capitale est un actif attractif, il est évident qu'une entreprise comme Visa l'est aussi. Mais il est tout aussi évident qu'acheter un bien immobilier à un prix de 100 ans de loyer en plein cœur d'une capitale n'est pas forcément un bon investissement et c'est pour cette raison que je cherche à payer un prix raisonnable pour les entreprises que je mets dans mon portefeuille.

Je prête donc une attention particulière aussi bien à la qualité de l'actif qu'à son prix. Avec le temps, la qualité est devenue pour moi un élément essentiel de la sécurité d'un investissement.

Mon expérience malheureuse sur Sears Holdings (qui a plombé la performance de mon portefeuille pendant 4 ans) illustre bien ce constat : avoir une immense marge de sécurité sur les actifs de l'entreprise n'a pas suffi. En effet, la société a réussi à brûler environ 10 milliards de cash sur 4 ans. Si j'avais acheté n'importe quelle entreprise de qualité, j'aurais pleinement bénéficié du rendement de ses opérations et mes résultats auraient été nettement supérieurs, même si j'avais eu le malheur de payer un peu trop cher.

Les entreprises que je sélectionne ont désormais toutes un historique de qualité en plus de se transiger à un prix raisonnable.

5. La sélection diversifiée de l'Investisseur Français (IF)

L'idée est proche de la « formule magique » de Joel Greenblatt, avec quelques petites différences : la « formule magique » ne regarde pas l'allocation du capital à long terme et la valorisation est estimée en multiples de *cash-flow*. Pourquoi ne pas regarder la valorisation en multiples des actifs ?

Je me suis dit qu'il faisait sens de tester une variante qui considère l'allocation de capital historique des business cotés et qui retient ceux qui sont supérieurs à la moyenne sur cet aspect (soit du fait de l'allocation de capital elle-même par le management, soit du fait que le business en lui-même délivre de bons retours indépendamment de l'allocation – nous ne discriminons pas entre les deux aspects). Une fois les business triés sur ce paramètre, nous retenons seulement ceux dont la valorisation des actifs est inférieure à la moyenne des business cotés. Il en résulte une sorte d'indice « value + allocation de capital » supérieur à la moyenne.

Je teste cela en Europe et en Amérique (États-Unis et Canada). Sur 17 mois, nous avons des performances encourageantes : + 29,4 % en Europe et + 26,5 % en Amérique, même si l'horizon de temps est trop court pour juger de quoi que ce soit.

Partie 2

Les bases de l’analyse financière

Cette partie a pour but de vous offrir les bases de l'analyse financière dont vous aurez besoin pour évaluer la qualité et les risques de vos investissements. Ce sont ces outils qui vous permettront de faire les mêmes analyses que celles présentées dans ce livre et de tirer vos propres conclusions sur vos investissements.

Les contenus ci-après sont extraits de l'une des formations de l'Investisseur Français écrite en 2016, en grande partie par mon ami Étienne Guicherd, aujourd'hui analyste-gérant chez Amiral Gestion. Étienne et moi avons commencé à investir en partant de ces bases et, très sérieusement, j'aurais été bien avisé de ne jamais m'en éloigner ! Aussi, je suis certain qu'elles vous seront utiles si vous voulez vous mettre sérieusement à l'investissement en Bourse.

Une fois encore, les champions, quelle que soit leur discipline, ne cessent de travailler leurs bases. Mes expériences malheureuses sont là pour illustrer ce qui vous attend si vous vous en éloignez. Profitez de cette opportunité d'apprendre cette leçon avec mon argent plutôt qu'avec le vôtre : n'oubliez jamais vos bases. Si vous avez le moindre doute : revenez-y.

4

La dette

1. La dette d'une entreprise

La première chose à faire lorsqu'on s'intéresse à une société cotée est de s'assurer qu'elle sera toujours là demain, en vérifiant que l'entreprise aura toujours assez de cash pour vivre.

Une des causes les plus fréquentes de manque de cash dans une société est son incapacité à gérer ses dettes. D'où le réflexe n° 1 : regarder la dette financière de l'entreprise convoitée. Par exemple, au printemps 2016, lorsque nous avons acheté Aufeminin, nous avons commencé par vérifier ce point. Comment ? Chaque année, les entreprises publient leurs rapports financiers.

Nous avons ouvert le rapport annuel 2015 de l'entreprise, puis avons cherché parmi les 178 pages celles concernant son bilan. Le sommaire accessible au début du rapport indique que les comptes consolidés sont disponibles à partir de la p. 106 et, en cherchant, on trouve le bilan p. 108-109. À la p. 109 figure le « passif » du bilan : c'est dans cette partie que se trouvent les dettes financières.

Provisions		148	175
Impôts différés passifs	①	7 727	7 348
Passifs non courants		**7 875**	**7 522**
Dettes financières à court terme	②	2	12
Emprunts et dettes financières diverses		459	407
Avances et acomptes reçus sur commandes		46	69
Dettes fournisseurs et comptes rattachés		10 684	9 765
Dettes fiscales et sociales		12 284	14 499
Dettes sur immobilisations		4 895	115
Autres dettes		4 956	231

▶

Produits constatés d'avance	2 408	2 134
Passifs courants	**35 733**	**29 231**

1. Dans les passifs non courants : on ne trouve aucune dette financière.
2. Dans les passifs courants : on trouve 461 000 € de dette financière (459 000 + 2 000).

Vous savez désormais comment trouver et calculer une dette financière : il vous suffit de regarder dans les passifs non courants pour les dettes avec une échéance à plus d'un an et dans les passifs courants pour les dettes avec une échéance à moins d'un an. En additionnant les deux, vous obtenez la dette financière totale de l'entreprise.

2. La dette nette d'une entreprise

L'étape suivante consiste à savoir si cet endettement est ou non un problème pour l'entreprise. Le moyen le plus rapide et le plus efficace pour le savoir est de s'assurer de la présence d'une trésorerie suffisante. S'il y a de l'argent dans les caisses, l'entreprise pourra rembourser facilement cette dette si elle le souhaite.

Considérons ci-dessous le cas de la société Neurones, une ESN – une entreprise de services du numérique (anciennement SSII). Commençons par retrouver et calculer son endettement financier. Pour cela, ouvrons le rapport financier de l'entreprise au 30 juin 2016. Le bilan se trouve p. 5.

PASSIFS NON COURANTS		
Provisions non courantes	*Note 10*	989
Passifs financiers non courants	*Note 13*	1 237
Autres passifs non courants		0
Passifs d'impôt différé	*Note 5*	14
TOTAL DES PASSIFS NON COURANTS		**2 240**
PASSIFS COURANTS		
Provisions courantes	*Note 11*	2 900
Dettes d'impôt exigible		870
Fournisseurs et autres créditeurs	*Note 12*	126 598
Passifs financiers courants et découverts bancaires	*Note 13*	2 881
TOTAL DES PASSIFS COURANTS		**133 249**

Avec 1,2 M€ de dettes financières non courantes et 2,9 M€ de dettes courantes, Neurones a une dette totale de 4,1 M€ (1,237 + 2,881).

Ensuite, regardons dans la partie « actifs » du bilan. Ici, l'actif est sur la même page (mais parfois la partie « actif » et la partie « passif » sont sur deux pages distinctes).

ACTIFS COURANTS		
Stocks	*Note 6*	741
Créances d'impôt exigibles		5 316
Clients et autres débiteurs	*Note 7*	162 731
Trésorerie et équivalents de trésorerie	*Note 8*	123 861

Dans ses actifs courants, Neurones dispose de près de 123,8 M€ de « trésorerie et équivalents de trésorerie » (les « équivalents de trésorerie » sont aussi du cash). On voit ainsi que Neurones dispose de 123,8 M€ de cash disponible contre une dette financière de 4,1 M€.

Neurones n'aurait donc aucun problème à rembourser intégralement sa dette en cas de besoin. **Nous sommes en présence d'une entreprise qui a bien une dette financière, mais cette dette ne pose aucun problème quant à la survie de l'entreprise** (à la date de notre étude du moins).

3. Les échéances des dettes

Une fois que vous connaissez le montant de la dette financière, vous devez ensuite regarder ses échéances : autrement dit, à quelles dates l'entreprise va-t-elle devoir rembourser cette dette financière ?

Souvent, les dettes d'entreprises sont de type *in fine* : les intérêts sont payés régulièrement, mais le capital est remboursé en une seule fois, à la fin. Il s'agit maintenant de savoir quels sont les échéanciers de remboursement.

Considérons le cas de la société SoLocal, anciennement Pages Jaunes. SoLocal fait la Une de l'actualité financière depuis longtemps : en cinq ans, son cours de Bourse a baissé de 90 % ! Regardons dès lors comment trouver l'échéance des dettes de SoLocal dans les documents financiers qu'elle publie. Comme nous l'avons vu, le montant de dettes à rembourser se trouve dans le bilan, mais cette fois dans la partie « passifs ». Ouvrons son rapport annuel 2015 p. 128.

Trésorerie et équivalents de trésorerie	*26*	53 695	46 354
TOTAL DES ACTIFS COURANTS		**507 836**	**606 695**
TOTAL ACTIF		**758 983**	**835 852**

PASSIF			
Capital social		233 259	232 345
Prime d'émission		364 544	362 899
Réserves		(1 938 165)	(1 993 474)
Résultat de la période attribuable aux actionnaires de Solocal Group		26 639	59 286
Autres éléments du résultat global		(9 081)	(22 377)
Actions propres		(5 209)	(7 151)
Capitaux propres attribuables aux actionnaires de SoLocal Group	*22*	(1 328 014)	(1 368 472)
Participation ne donnant pas le contrôle		79	69
TOTAL DES CAPITAUX PROPRES		**(1 327 935)**	**(1 368 403)**
Dettes financières et dérivés non courants	*26*	1 118 265	1 139 637
Avantages du personnel non courants	*24*	84 986	90 439
Provisions non courantes	*24*	33 654	16 910
Autres passifs non courants		2	30
Impôts différés passifs	*9*	7 248	
TOTAL DES PASSIFS NON COURANTS		**1 244 155**	**1 247 016**
Découverts bancaires et autres emprunts courants	*26*	21 907	37 461
Intérêts courus non échus	*26*	4 061	5 060
Provisions courantes	*24*	32 968	22 864
Dettes fournisseurs	*23*	93 391	98 923
Avantages du personnel courants	*24*	120 904	117 615
Autres passifs courants	*24*	84 163	99 886
Dettes d'impôts sur les sociétés	*9*	59	51
Produits constatés d'avance	*27*	483 309	575 379
TOTAL DES PASSIFS COURANTS		**842 764**	**957 239**
TOTAL PASSIF		**758 983**	**835 852**

On lit les chiffres suivants :

- 53,7 M€ de trésorerie ;
- 1 118 M€ de dettes à long terme ;
- 21,9 M€ de dettes à court terme.

En appliquant ce que nous avons appris précédemment, la dette nette s'élève donc à 1,08 M€ (1 118 + 21,9 – 53,7). L'échéance des dettes ne figure pas dans le bilan mais dans les notes annexes. Ce sont les numéros que vous voyez dans la colonne du milieu du bilan.

À quoi servent ces numéros ? Ils indiquent la note à laquelle il faut se référer pour avoir une explication plus précise de la ligne du bilan concernée. Ainsi, par exemple, le bilan présenté ci-avant nous indique qu'il faut regarder la note n° 26 pour avoir plus d'informations sur la trésorerie et les dettes (colonne du milieu).

À noter

Parfois, le numéro de la note n'est pas indiqué dans le bilan : dans ces cas-là, c'est à vous de vous débrouiller pour trouver si l'entreprise donne plus d'informations sur ce sujet et, si oui, à quel endroit.

Donc voici le tableau de la note n° 26. On remarque que l'entreprise fournit elle-même le calcul de sa dette nette dans cette même note, ce qui n'est pas toujours le cas.

dont courant	25 603
dont non courant	**1 118 265**
ENDETTEMENT NET	1 090 538

Concernant les échéances, voici ce que nous trouvons aussi dans la note n° 26 :

« Au 31 décembre 2015, la dette bancaire se décompose de la manière suivante : tranche A7 au nominal de 798,8 millions d'euros (dont 15,2 millions d'euros de cash sweep*) : maturité mars 2018 avec une faculté d'extension à mars 2020 (sous condition de refinancement de l'emprunt obligataire de 350 millions d'euros avant mars 2018), remboursable* in fine *sous déduction des remboursements partiels [...], marge de 400 bps si le ratio de levier est supérieur à 3 (325 bps si le ratio est compris entre 2,50 et 3 et 250 bps s'il est inférieur à 2,50). »*

Donc, 800 millions à rembourser en mars 2018.

> *« Par ailleurs, SoLocal Group dispose, au travers de l'entité Pages Jaunes Finance & Co SCA, d'un emprunt obligataire d'un montant de 350 millions d'euros. Cet emprunt est à taux fixe de 8,875 %, il est remboursable le 1er juin 2018. »*

Donc 350 millions à rembourser en juin 2018.

La totalité de la dette financière de SoLocal de 1,1 milliard doit donc être remboursée au printemps 2018 (mars et juin).

Une fois cette première étape réalisée, vous devez vérifier si l'entreprise sera ou non en capacité de rembourser sa dette à ladite échéance. Nous verrons comment faire cela dans la section 5 de ce chapitre.

Quand on étudie la dette d'une entreprise, on doit vérifier les échéances de remboursement. Il s'agit d'une donnée essentielle, d'autant plus lorsque la dette est très supérieure à la trésorerie.

4. Les dettes couvertes par le patrimoine

Quand une société a contracté une dette, on peut se demander si elle possède un patrimoine suffisant pour la rembourser.

Pourquoi s'intéresser à ce point ? Car, par exemple, quand l'échéance de la dette arrive à son terme, si la société a besoin de relever une nouvelle dette identique à l'ancienne pour la remplacer, les créanciers regarderont (entre autres) si elle a suffisamment de patrimoine au regard du prêt qu'elle demande. C'est un peu comme lorsque le banquier vérifie la liste des biens de votre patrimoine avant d'accepter votre prêt : il prend le temps de s'assurer que vous avez un patrimoine suffisant pour couvrir le prêt en cas de besoin.

Considérons le cas de la société Guillin. Guillin est l'un des leaders européens des emballages alimentaires en plastique. Il est coté sur la Bourse de Paris.

Dans l'industrie en général, les machines et les usines coûtent cher à l'achat et à l'entretien. Avoir une situation de dette nette est donc très courant. Étudions la situation du groupe Guillin et comparons deux éléments :

- sa dette nette ;
- son patrimoine, c'est-à-dire ses capitaux propres.

Si nous regardons le rapport annuel de Guillin, nous voyons que sa dette nette est de 60 M€ (son bilan p. 20-21 de son rapport annuel 2015 indique 94 M€ de dette composée de 60 M€ à long terme et 34 M€ à court terme et 34 M€ de trésorerie).

La question à laquelle il faut alors répondre est : son patrimoine est-il suffisant pour garantir cette dette ? Pour le savoir, ouvrons son bilan à la page des passifs (p. 21).

CAPITAUX PROPRES ET PASSIFS (en milliers d'euros)	**31/12/2015**	**31/12/2014**
Capitaux propres		
Capital	11 488	11 488
Primes d'émissions, de fusion, d'apport	4 929	4 929
Réserves consolidées	205 936	178 387
Résultat consolidé – Attribuable au groupe	38 712	31 389
Capitaux propres – Attribuables au groupe	**261 065**	**226 184**

Le patrimoine d'une entreprise est constitué de ses capitaux propres. La ligne des capitaux propres est toujours présente au bilan et vous y avez toujours facilement accès.

Les capitaux propres d'une entreprise sont calculés en prenant tout ce qu'elle possède (tous ses actifs) auxquels on soustrait tout ce qu'elle doit (tous ses passifs courants et non courants). Avec 261 M€ de capitaux propres, la dette nette de Guillin représente une fraction de son patrimoine, 23 % pour être précis : dette nette/capitaux propres = 60/261 = 23 %.

Et c'est tout ce qu'il y a à savoir ! La dette nette de Guillin correspond à 23 % de son patrimoine.

Vous vous demandez peut-être si c'est bien ou pas. Est-ce que 23 % est un bon chiffre ? Eh bien, ça dépend : c'est bon si les actifs de la société valent réellement plus de 23 % de leur valeur. Il faudrait pousser l'analyse, mais laissons ça de côté pour l'instant : ici, le but est de vous apprendre à calculer ce ratio et de vous faire sentir ce qu'il représente.

D'après mon expérience et l'étude des entreprises industrielles, sachez tout de même que ce chiffre est plutôt dans la fourchette basse du ratio dette nette/capitaux propres. Une bonne manière de le savoir consiste souvent à calculer le ratio dette nette/capitaux propres pour tout un secteur donné. Ainsi, vous voyez comment se situe l'entreprise que vous étudiez par rapport à ses concurrents.

Quand vous calculez ce chiffre, il est utile de regarder son évolution dans la durée, ce qui vous permet de savoir si la situation s'améliore ou se dégrade. Pour Guillin, la situation s'est considérablement améliorée : entre 2011 et 2015, le ratio est passé de 60 à 23 %.

(En millions €)	2011	2012	2013	2014	2015
Dettes financières à court terme (a)	29	77	27	27	34
Dettes financières à long terme (b)	94	39	71	59	60
Trésorerie (c)	30	28	31	33	34
Dette nette (a) + (b) – (c) = (A)	93	88	67	54	60
Capitaux propres (B)	154	175	196	226	261
Dette nette/capitaux propres (A)/(B)	60 %	50 %	34 %	24 %	23 %

La dette nette de Guillin (ce qu'elle doit) diminue fortement en comparaison de son patrimoine, ce qui est un très bon signe !

Quand une entreprise est endettée, on doit vérifier si elle dispose de garanties suffisantes pour payer ses dettes en dernier ressort.

À noter

Le ratio d'endettement (dette nette/capitaux propres) s'appelle le gearing. *Le plus important n'est bien sûr pas le nom, mais bien ce qui se cache derrière.*

5. Le remboursement des dettes

Après ces premières études de cas, vous savez maintenant :

- trouver la dette d'une entreprise ;
- calculer une dette nette ;
- trouver les échéances d'une dette dans le rapport annuel de l'entreprise ;
- si le patrimoine est suffisant pour garantir la dette (en cas de nécessité).

Une question demeure en suspens : comment savoir si une société peut rembourser sa dette ?

Il est très utile de connaître cette information car si la réponse est négative, l'entreprise devra trouver des solutions pour satisfaire ses créanciers et souvent les solutions possibles sont au détriment des actionnaires de la société : levée de fonds en émettant des actions à un cours bas, distribution d'actions aux créanciers pour rembourser la dette, passage en redressement judiciaire, dépôt de bilan, un mélange des genres... Il vaut mieux éviter tout cela. Aussi, voyons comment faire concrètement pour savoir si l'entreprise pourra rembourser sa dette.

C'est aussi simple que pour un particulier avec son crédit immobilier : on regarde ses revenus. Mais pour l'entreprise, on parle non pas de revenus mais de profits. Une entreprise rembourse ses dettes avec les profits qu'elle réussit à dégager chaque année.

Retrouvons Guillin : rappelez-vous, sa dette nette représentait fin 2015 une fraction de son patrimoine (23 % pour être précis), ce qui nous amenait à conclure que sa situation financière était probablement saine. Regardons à présent si Guillin est en mesure de rembourser sa dette. Étudions la situation du groupe et comparons deux éléments :

- sa dette nette ;
- son résultat avant intérêts et impôt sur les sociétés. En langage technique, c'est ce que l'on appelle le résultat opérationnel ou d'exploitation (REX). L'EBIT en anglais (*Earning Before Interests and Taxes*).

Nous avons déjà vu que la dette nette de Guillin est de 60 M€. Pour connaître son résultat avant intérêts et impôts, ouvrons le compte de résultat p. 18 du même rapport annuel.

Compte de résultat consolidé

(En milliers d'euros)		31/12/2015	31/12/2014
Produits des activités ordinaires	*Note 18*	**516 403**	**497 173**
Autres produits de l'activité		50	
Variation des stocks de produits en cours et produits finis		100	– 877
Production immobilisée		777	1 040
Achats consommés	*Note 19*	– 232 405	– 232 446
Autres achats et charges externes	*Note 20*	– 92 084	– 84 370
Impôts et taxes	*Note 21*	– 6 080	– 5 584
Charges de personnel	*Note 22*	– 104 828	– 96 335
Dotations aux amortissements	*Note 23*	– 25 797	– 24 282
Dotations aux provisions	*Note 24*	– 427	– 851
Autres produits d'exploitation	*Note 25*	3 240	1 425
Autres charges d'exploitation	*Note 26*	– 2 603	– 1 607

▶

(En milliers d'euros)		31/12/2015	31/12/2014
Résultat opérationnel courant		56 346	53 313
Autres produits opérationnels	*Note 27*	9 697	
Autres charges opérationnelles	*Note 28*	– 8 543	– 6 800
Résultat opérationnel		57 500	46 513

Le résultat opérationnel de Guillin était de 57,5 M€ en 2015 et 46,5 M€ en 2014. Cela signifie qu'en 2015, le chiffre d'affaires de Guillin moins toutes ses charges avant les intérêts et les impôts, a donné un résultat positif de 57,5 M€.

Comparons maintenant la dette nette et le résultat opérationnel en utilisant le ratio suivant : dette nette/résultat opérationnel. Le résultat permet de savoir en combien d'années l'entreprise pourrait rembourser sa dette si elle y consacrait tout son résultat opérationnel. Plus ce ratio est bas, mieux c'est. Nous avons compilé les données sur les cinq dernières années.

(En millions €)	2011	2012	2013	2014	2015
Dettes financières à court terme (a)	29	77	27	27	34
Dettes financières à long terme (b)	94	39	71	59	60
Trésorerie (c)	30	28	31	33	34
Dette nette (a) + (b) – (c) = (A)	93	88	67	54	60
Résultat opérationnel (B)	22	35	38	47	58
Dette nette/résultat opérationnel (A)/(B)	4,2	2,5	1,8	1,1	1

Qu'observe-t-on ? En 2015, la dette nette de Guillin (60 M€) représente une année de profit seulement (58 M€) ! Guillin n'aurait donc aucun problème si elle devait (ou voulait) rembourser toute sa dette.

On observe également que le ratio dette nette/résultat opérationnel n'a cessé de diminuer sur ces cinq dernières années : il est passé de 4,2 à 1, soit une excellente tendance.

Si on compile les informations que nous connaissons désormais, nous pouvons affirmer avec certitude que Guillin est en excellente santé financière :

- son ratio d'endettement est seulement de 23 % de ses capitaux propres ;
- sa dette nette ne représente qu'une seule année de résultat opérationnel.

Mais ce n'est pas toujours le cas : rappelez-vous, on ne pouvait pas en dire autant pour SoLocal (que l'on avait regardée précédemment et qui ne pouvait pas rembourser ses dettes).

Quand une entreprise est endettée, on doit vérifier si elle est capable de payer sa dette grâce à son résultat opérationnel.

6. Les intérêts d'une dette

Voici la sixième et dernière étude de cas de cette partie qui concerne l'endettement des entreprises.

Les dettes d'entreprises sont souvent de type *in fine*. Cela veut dire que les intérêts sont payés régulièrement et que le capital est remboursé à la fin seulement et en une seule fois.

Une entreprise en bonne santé financière avec un niveau de dette acceptable a de bonnes chances de pouvoir refinancer sa dette lorsque qu'elle arrive « à maturité » (c'est-à-dire à la date à laquelle elle doit la rembourser). Par conséquent, elle se contentera de payer uniquement les intérêts. Raison pour laquelle il est souvent suffisant d'étudier le ratio de couverture des intérêts lorsqu'il s'agit d'entreprises profitables dans le temps.

Le ratio de couverture des intérêts est très simple à calculer : on divise le résultat opérationnel par les charges d'intérêts. Pourquoi utiliser le résultat opérationnel ? Car une entreprise paie les intérêts de ses dettes au moyen de son résultat opérationnel. Elle rentre de l'argent (son chiffre d'affaires), paie ses charges diverses et variées, et ce qui lui reste à ce moment-là est son résultat opérationnel. C'est avec la somme représentée par le résultat opérationnel qu'elle va pouvoir payer les intérêts.

Une fois les intérêts payés, il reste le résultat imposable de l'entreprise. Elle paie ensuite l'impôt sur les sociétés, ce qui conduit au résultat net (son bénéfice). Dit autrement :

Chiffre d'Affaires – Charges = Résultat Opérationnel (ou EBIT)
– Intérêts de la dette financière – Impôt sur les sociétés (ou IS)
= Résultat net ou bénéfice

Passons à la pratique ! Considérons la société Air Liquide et utilisons les chiffres disponibles au 31/12/2015.

Nous voulons savoir si Air Liquide génère suffisamment d'argent avec son activité (son chiffre d'affaires – ses charges) pour réussir à payer ses intérêts. Comparons :

- sa charge d'intérêts ;
- son résultat avant intérêts et impôt sur les sociétés (son REX ou EBIT en anglais).

La charge d'intérêts

La charge de la dette se retrouve dans le compte de résultat. Ici, dans le rapport annuel 2015 d'Air Liquide (p. 201), elle porte le nom de « Coût de l'endettement financier net ».

Compte de résultat consolidé

(En milliers d'euros)		2014	2015
Chiffre d'affaires	*3*	**15 358,3**	**16 379,8**
Autres produits d'exploitation	*4*	228,2	139,5
Achats	*4*	(6 007,2)	(6 164)
Charges de personnel	*4*	(2 653,1)	(3 069,4)
Autres charges d'exploitation	*4*	(3 053,3)	(3 077,7)
Résultat opérationnel courant avant amortissements		**3 872,9**	**4 262,2**
Dotations aux amortissements	*4*	(1 239,1)	(1 371,6)
Résultat opérationnel courant		**2 633,8**	**2 890,6**
Autres produits opérationnels	*5*	68,9	38,4
Autres charges opérationnelles	*5*	(52,9)	(170,6)
Résultat opérationnel		**2 649,8**	**2 758,4**
Coût de l'endettement financier net	*6*	(228,9)	(227,1)
Autres produits financiers	*6*	32,8	14,7
Autres charges financières	*6*	(54,5)	(55,6)
Charge d'impôt	*7*	(678,4)	(666,4)
Quote-part du résultat net des sociétés mises en équivalence	*14*	4	14,7
RÉSULTAT NET		**1 724,8**	**1 838,7**
Intérêts minoritaires		59,8	82,3
Part du groupe		1 665	1 756,4

Air Liquide a payé 228,9 M€ d'intérêts sur sa dette en 2014 et 227,1 M€ en 2015.

En réalité, ce n'est pas tout à fait vrai… En effet, il y a le mot « net » dans l'expression « coût de l'endettement financier net ». « Net » signifie qu'il y a eu une soustraction entre des plus et des moins. Ici, il est précisé que le montant indiqué correspond à la somme :

- de la charge de la dette à proprement parler (celle qui nous intéresse) ;
- des produits financiers (par exemple, des placements financiers qui rapportent des intérêts).

Quand on veut savoir si une société gagne suffisamment d'argent tous les ans avec son activité pour payer les intérêts de sa dette, on veut regarder le vrai chiffre de ces intérêts et pas celui diminué des gains ou produits financiers que l'entreprise a pu réaliser par ailleurs en plaçant son argent par exemple. C'est en effet plus conservateur de ne considérer que le coût de l'endettement financier brut, c'est-à-dire hors produits financiers.

Parfois, ces produits financiers sont négligeables. Et c'est d'ailleurs le cas pour Air Liquide. En effet, la ligne « coût de l'endettement financier net » du bilan indique de se reporter à la note n° 6. Elle se trouve p. 227 du rapport annuel 2015.

Côut de l'endettement financier

Coût de l'endettement financier	(236,3)	(234,7)
Produits financiers liés aux placements de trésorerie	7,4	7,6
TOTAL	**(228,9)**	**(227,1)**

Le coût moyen de la dette est de 3,7 % en 2015 (4 % en 2014).

On le voit, la charge d'intérêt s'est élevée pour Air Liquide à 234,7 M€ en 2015 pour 7,6 M€ de produits financiers.

Passons maintenant à la seconde étape, le résultat opérationnel.

Le résultat opérationnel

Reprenons le compte de résultat de l'année 2015.

Compte de résultat consolidé

(En milliers d'euros)		**2014**	**2015**
Chiffre d'affaires	*3*	**15 358,3**	**16 379,8**
Autres produits d'exploitation	*4*	228,2	139,5
Achats	*4*	(6 007,2)	(6 164)

▶

(En milliers d'euros)		2014	2015
Charges de personnel	*4*	(2 653,1)	(3 069,4)
Autres charges d'exploitation	*4*	(3 053,3)	(3 077,7)
Résultat opérationnel courant avant amortissements		**3 872,9**	**4 262,2**
Dotations aux amortissements	*4*	(1 239,1)	(1 371,6)
Résultat opérationnel courant		**2 633,8**	**2 890,6**
Autres produits opérationnels	*5*	68,9	38,4
Autres charges opérationnelles	*5*	(52,9)	(170,6)
Résultat opérationnel		**2 649,8**	**2 758,4**
Coût de l'endettement financier net	*6*	(228,9)	(227,1)
Autres produits financiers	*6*	32,8	14,7
Autres charges financières	*6*	(54,5)	(55,6)
Charge d'impôt	*7*	(678,4)	(666,4)
Quote-part du résultat net des sociétés mises en équivalence	*14*	4	14,7
RÉSULTAT NET		**1 724,8**	**1 838,7**
Intérêts minoritaires		59,8	82,3
Part du groupe		1 665	1 756,4

Le résultat opérationnel d'Air Liquide s'est élevé à 2,758 Mds€.

Comparaison du résultat opérationnel et de la charge d'intérêts

En comparant la charge d'intérêts avec le résultat opérationnel, nous saurons donc si Air Liquide peut payer les intérêts de ses dettes sans difficulté :

- coût de l'endettement financier (A) : 235 M€ ;
- résultat opérationnel (B) : 2,758 Mds€ soit 2 758 M€ ;
- ratio de couverture des intérêts (B)/(A) : 2 758/235 = 11,7.

Plus ce chiffre est élevé, plus l'entreprise est à l'aise pour payer les intérêts de sa dette. Dans le cas d'Air Liquide, la couverture est particulièrement confortable et, dans ces conditions, l'entreprise n'aura donc aucune difficulté à payer ses intérêts et à refinancer sa dette.

Contrôler si le résultat opérationnel d'une entreprise couvre confortablement sa charge d'intérêts est un élément clé lorsqu'on étudie l'endettement d'une entreprise.

7. Comparaison de l'endettement par secteur

Afin de parfaire votre maîtrise des mécanismes de l'endettement d'une entreprise, je vous propose d'apprendre à comparer sa situation avec celle de ses concurrents les plus proches.

Chaque secteur d'activité présente des caractéristiques propres. Il faut beaucoup de capitaux pour fabriquer des voitures ou des paquebots et beaucoup moins pour créer des logiciels ou réaliser des prestations de conseil.

Qui dit besoins en capitaux importants, dit dettes importantes. Après avoir réalisé les différentes étapes de l'étude de l'endettement d'une entreprise, vous pouvez arriver à la conclusion qu'elle est trop endettée. Mais avant d'accepter cette affirmation, vous pouvez vérifier si c'est la norme de son secteur d'activité, autrement dit la comparer aux autres sociétés de son secteur. Vous découvrirez alors peut-être que cette entreprise est la moins endettée parmi tous ses concurrents et que votre affirmation initiale n'était pas exacte.

Considérons le secteur du luxe et les quatre entreprises suivantes parmi les plus importantes :

- LVMH (Louis Vuitton, Moët & Chandon, Christian Dior, TAG Heuer, Hennessy...) ;
- Hermès ;
- Kering (ex-PPR) (Gucci, YSL, Boucheron...) ;
- Compagnie Financière de Richemont (Cartier, Lancel, Montblanc, Van Cleef & Arpels...) ;

Pour chacune de ces entreprises, calculons :

- le ratio d'endettement ;
- le ratio dette nette/résultat ;
- la couverture des intérêts de la dette par le résultat opérationnel.

	Dette nette/ Capitaux propres		Dette nette/Résultat opérationnel		Couverture des intérêts	
	2015	Moyenne 2012-2015	2015	Moyenne 2012-2015	2015	Moyenne 2012-2015
LVMH	19 %	21 %	0,7	0,9	58	43
Kering	43 %	35 %	3,7	2,7	9	9
Hermès	– 41 %	– 36 %	– 1	– 0,9	2 201	1 853
Richemont	– 35 %	– 30 %	– 2	– 1,6	57	60
LUXE	**– 4 %**	**– 3 %**	**0,37**	**0,25**	**581**	**491**

À noter
Vous le comprenez, un ratio d'endettement négatif signifie que la dette nette est négative, donc que l'entreprise dispose d'une trésorerie plus importante que ses dettes.

L'intérêt d'un tel tableau est la comparaison des sociétés entre elles et la compréhension de la norme du secteur d'activité dans lequel elles évoluent.

Ici, la conclusion du tableau saute aux yeux : l'industrie du luxe ne nécessite pas d'importants capitaux : le recours à l'endettement est faible et il est même nul pour Hermès et Richemont. Les chiffres de couverture des intérêts présentés aussi ici sont plus que confortables. Particulièrement pour Hermès qui couvre 2 201 fois ses intérêts !

Vous remarquez aussi que les ratios d'endettement de Kering sont différents des autres sociétés. En bon investisseur, fort de cette particularité, vous retournez dans l'historique des rapports annuels de Kering pour comprendre d'où vient cette situation : comment expliquer que Kering, acteur majeur du luxe au même titre que LVMH ou Hermès, ait des ratios d'endettement différents ? Est-ce que Kering a un autre modèle de fonctionnement, est-ce que l'entreprise va mal, est-ce qu'elle développe quelque chose en particulier qui nécessite de la dette, bref comment expliquer cette situation ?

En allant lire le détail des rapports annuels de Kering, vous découvrez qu'elle présente un profil différent de ses petits camarades, conséquence de son passé récent. En effet, cette holding détenait des actifs assez éloignés de l'univers du luxe (Conforama, La Redoute, FNAC…) et détient toujours Puma. C'est en partie de ces activités-là que vient son endettement.

Même si ses ratios d'endettement peuvent paraître disproportionnés par rapport à ses concurrents, ils sont corrects dans l'absolu et Kering n'a aucune inquiétude à avoir par rapport à son niveau d'endettement.

Compte tenu de ses caractéristiques propres, chaque secteur d'activité implique une utilisation de la dette différente. **Évaluer une compagnie par rapport à ses pairs permet de mesurer si sa situation est dans la norme et d'aller rechercher les particularités qui apparaissent.**

8. Les caractéristiques des dettes d'entreprises

Il existe de multiples formes de dettes, chacune présentant des caractéristiques propres. Très simplement, comme un crédit immobilier d'un particulier ou un crédit à la consommation, une dette se définit par :

- l'origine du prêteur (banque, autre organisme financier...) ;
- son montant ;
- sa durée de remboursement, accompagnée d'un échéancier de paiement ;
- le taux d'emprunt ;
- le type de taux (fixe ou variable) ;
- la devise d'emprunt ;
- la présence d'une garantie ou non (qui permet de rembourser le prêteur si l'entreprise n'arrive pas à rembourser) ;
- etc.

Les entreprises donnent plus ou moins de détails dans leurs rapports financiers, mais les données les plus importantes (montant, taux, échéance) y figurent généralement.

Retrouvons l'entreprise Guillin que nous commençons à bien connaître. Commençons, comme toujours, par ouvrir le bilan (p. 20-21 du rapport annuel 2015). Les dettes financières se trouvent dans la partie passif (p. 21).

Passifs non courants			
Provisions pour retraite et autres avantages à long terme	*Note 12*	9 689	10 338
Autres provisions non courantes	*Note 13*	3 877	12 167
Emprunts et dettes financières à long terme	*Note 14*	59 713	58 794
Impôts différés passifs	*Note 32*	9 318	13 855
Total passifs non courants		**82 597**	**95 154**
Passifs courant			
Provisions courantes	*Note 13*	908	1 583
Emprunts et dettes financières à court terme	*Note 14*	34 141	27 302
Dettes fournisseurs	*Note 15*	78 833	71 485
Dettes d'impôt sur les sociétés		1 976	1 412
Autres dettes et passifs courants	*Note 16*	45 311	40 672
Total passifs courants		**161 169**	**142 454**

Au 31 décembre 2015, elles sont de 59,713 M€ pour la dette long terme et 34,141 M€ pour la dette court terme.

Pour avoir un peu plus de détail, rendons-nous à la note n° 14 comme indiqué dans le bilan. Elle se situe p. 45 du même rapport financier. De quelles informations disposons-nous maintenant ?

	Notionnel 31/12/2015	À 1 an au plus	De 1 à 5 ans	À plus de 5 ans	31/12/2015	31/12/2014
Dettes envers les établissements de crédit (1)	90 686	32 966	51 793 (2)	5 794	90 553	83 581
Dettes financières liées aux locations de financements	3 093	967	2 107	19	3 093	1 962
Total	**93 987**	**34 141**	**53 900**	**5 813**	**93 854**	**86 096**

1. Dettes envers des établissements de crédits. En langage clair, des banques.
2. Échéancier de paiement de la dette que Guillin devra rembourser.

Si l'on poursuit la lecture de la note n° 14, on peut lire des informations relatives aux taux d'intérêt.

	31/12/2015
Total taux fixe	13 903
Total taux variable non couvert	76 051
Total taux variable couvert par *swap* à taux fixe	3 900
TOTAL	**93 854**

Là, c'est à nous de faire le travail pour calculer la répartition. Ainsi, sur 93,854 M€ de dettes :

- 15 % sont à taux fixe (13 9093/93 854) ;
- 81 % sont à taux variable (76 051/93 854) ;
- le solde est à taux variable avec une option pour rebasculer à taux fixe (*swap*).

La suite de la note concerne des points de détail, sauf pour le paragraphe qui parle des « covenants ». Nous sommes ici p. 15 du rapport.

Une dette est très souvent encadrée par des covenants : ce sont les clauses restrictives du contrat, imposées par le créancier. Ses conditions si vous préférez. Si certains critères de ces conditions ne sont pas respectés, le créancier est en droit de demander sans délai le remboursement du capital prêté. Autant dire que l'emprunteur à tout intérêt de s'y tenir !

① Covenants : au 31 décembre 2015, un montant d'emprunt de 32,4 millions d'euros est assorti de covenants. Selon les termes des contrats d'emprunts souscrits le 9 avril 2010 et modifiés à effet du 31 décembre 2013, le groupe doit respecter au 31 décembre de chaque année jusqu'à l'échéance des contrats de prêts, les ratios financiers suivants :

– dettes financières nettes/EBE retraité ≤ à 2 au 31/12/2015 ;

– dettes financières nettes/fonds propres ≤ à 1,05 au 31/12/2015.

② Dans le cadre des emprunts souscrits en 2011 et 2012, le groupe doit respecter le ratio dettes financières nettes/EBE (≤ à 3 au 31/12/2015).

③ Les ratios financiers sont respectés au 31 décembre 2015.

Le point 1 montre que seule une partie de la dette (32,4 M€) est assortie de covenants.

Le point 1 montre que seule une partie de la dette (32,4 M€) est assortie de covenants.

Au point 2, nous voyons que les covenants sont des ratios financiers qui prennent en compte la dette nette d'une part et, d'autre part :

- l'EBE (appelé EBITDA dans le jargon). Pour le moment, disons que c'est une variante du résultat opérationnel (EBIT) mais nous y reviendrons. Ainsi, les créanciers parlent souvent de quelque chose qui ressemble au ratio dette nette/résultat opérationnel ;
- les fonds propres : dettes nettes/fonds propres devrait aussi vous rappeler quelque chose.

Ainsi, les indicateurs que nous avons servent aux banquiers pour prêter de l'argent aux entreprises.

Pour une partie de la somme (32,4 M€), les banquiers ont assorti leur prêt de conditions que l'entreprise doit respecter, sinon ils seront en droit de demander le remboursement immédiat du capital restant dû.

Dans les faits, les banques n'ont pas souvent intérêt à faire appliquer ce genre de clauses, mais le fait qu'elles existent leur permet de peser sur la manière dont l'entreprise est gérée et leur assure que celle-ci fait tout pour rester dans un chemin qui devrait normalement permettre à la banque d'être remboursée et d'être avertie si l'entreprise sortait du chemin convenu !

Enfin, une dernière information (très) importante est donnée au point 3 : ces covenants sont respectés par Guillin. Tous les feux sont donc au vert pour l'entreprise : la banque ne va pas l'embêter cette année.

Il est donc toujours très utile d'étudier les caractéristiques de la dette d'une entreprise *avant* d'investir son capital dans les actions de cette société. Les créanciers (ceux qui prêtent l'argent) sont en effet prioritaires sur les actionnaires. Dès lors, si une entreprise ne peut payer sa dette, ce sont d'abord les créanciers qui sont remboursés et c'est (presque toujours) l'actionnaire (vous !) qui en pâtit le plus.

Vérifier l'endettement avant chaque investissement est le meilleur moyen de commencer à protéger son capital !

5

Les rapports financiers

1. Où trouver les rapports financiers d'une entreprise ?

On ne le répètera jamais assez : vos investissements doivent se baser sur des faits tangibles, pas sur des interprétations. Mais où trouver ces faits tangibles ?

Toutes les entreprises cotées sur un marché réglementé (Euronext et Alternext en France) ont l'obligation de publier des documents financiers dans lesquels sont rassemblées les informations essentielles pour présenter leur activité, leur situation financière, etc. Ces documents sont la principale source fiable d'informations sur les entreprises.

Selon les entreprises et les pays, ces documents ont des noms ou des formes différentes et leurs périodes de publication peuvent aussi varier. Mais, dans l'immense majorité des cas, il est possible de les consulter librement. Comment faire ? C'est assez simple, en quelques clics.

La solution la plus naturelle : le site des entreprises

Il existe une astuce afin de retrouver facilement le contenu qui vous intéresse sans avoir à explorer le site d'une entreprise de fond en comble : tapez directement « nom de l'entreprise + investisseurs » dans un moteur de recherche. L'exemple ci-après avec Orange.

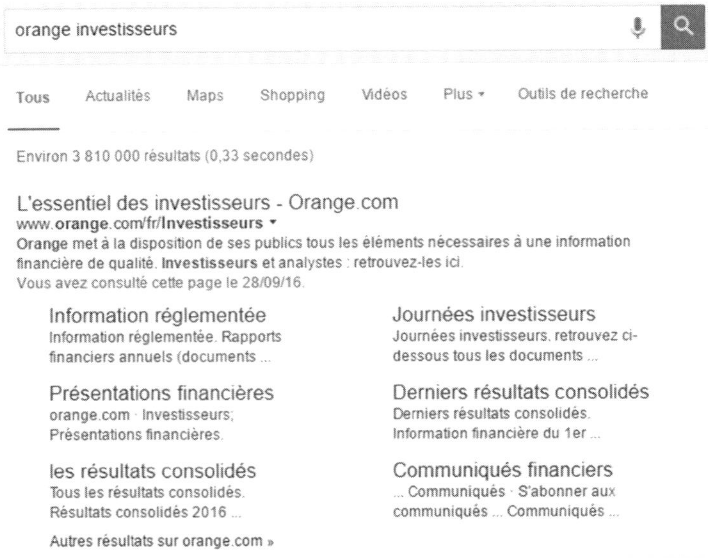

Cliquez sur le premier lien proposé et vous serez automatiquement redirigé vers l'espace des relations investisseurs de l'entreprise. C'est ici que nous pourrons trouver toutes les informations utiles.

L'espace « Information réglementée » contient l'ensemble des documents officiels publiés par Orange.

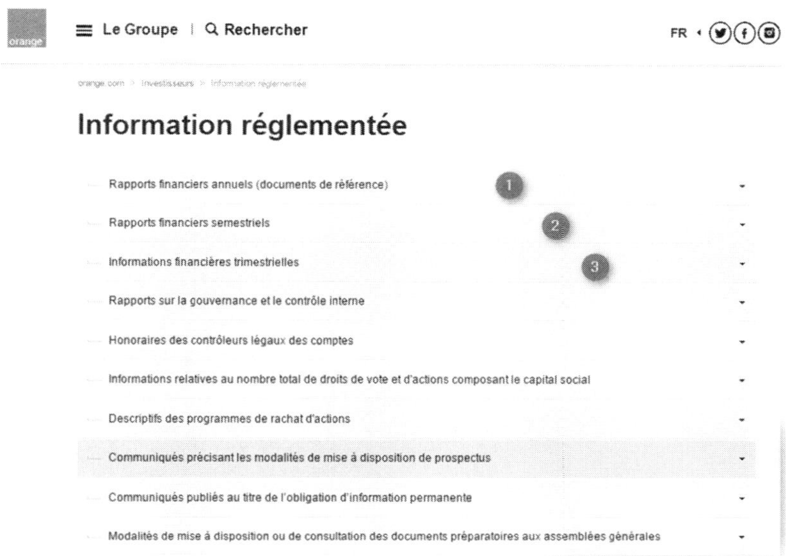

Les plus importants sont :

- 1 **le rapport annuel**, appelé « document de référence », il contient le plus d'informations, notamment les états financiers et les notes annexes qui les accompagnent. Il s'étale typiquement sur plusieurs centaines de pages (mais rassurez-vous vous n'êtes pas obligé de toutes les lire : il y a souvent beaucoup de baratin) ;
- 2 **le rapport semestriel**, une version allégée du rapport annuel ;
- 3 **les informations trimestrielles**. Parfois il s'agit simplement de l'annonce du chiffre d'affaires trimestriel, d'autres fois, quelques indicateurs d'activité supplémentaires sont présentés.

Selon l'entreprise, des informations additionnelles peuvent être disponibles :

- vidéos / bandes son des présentations des résultats ;
- diaporama et transcription écrite de ces présentations ;
- discours du PDG ;
- etc.

Par exemple, chez Orange (à partir de la page « Investisseurs »), nous pouvons trouver différents documents publics.

Nous sommes alors redirigés vers une page qui donne accès à ces différents documents.

Enfin, la plupart des entreprises cotées ont un service dédié, dit service des « relations investisseurs ». Leur mission est de renseigner les actionnaires et les investisseurs potentiels : aussi, n'hésitez pas à les solliciter, vous répondre est leur métier !

Les sites des organismes officiels

Dans chaque pays, un organisme public est chargé de réguler l'activité des entreprises cotées. Sur le site de ces régulateurs, les documents officiels (les mêmes que ceux publiés sur le site des entreprises) sont à disposition du public.

En France, c'est l'AMF qui assure ce rôle. Il convient de reconnaître que le site de l'AMF est parfois un peu complexe, mais on y trouve toutes les informations sur toutes les entreprises cotées. Voici comment y accéder.

Sur la page d'accueil de leur site, cliquez sur « Décisions et informations financières ».

Une fois sur la page de recherche, cochez « Accès par société (tous les documents) » puis entrez le nom de l'entreprise dans la fenêtre prévue à cet effet.

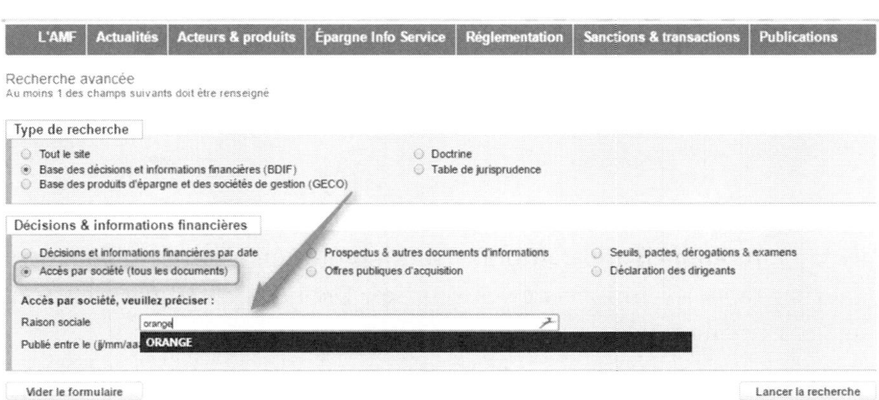

Sur la nouvelle page, sélectionnez alors « Document de référence », par exemple, pour avoir accès aux rapports annuels d'une entreprise.

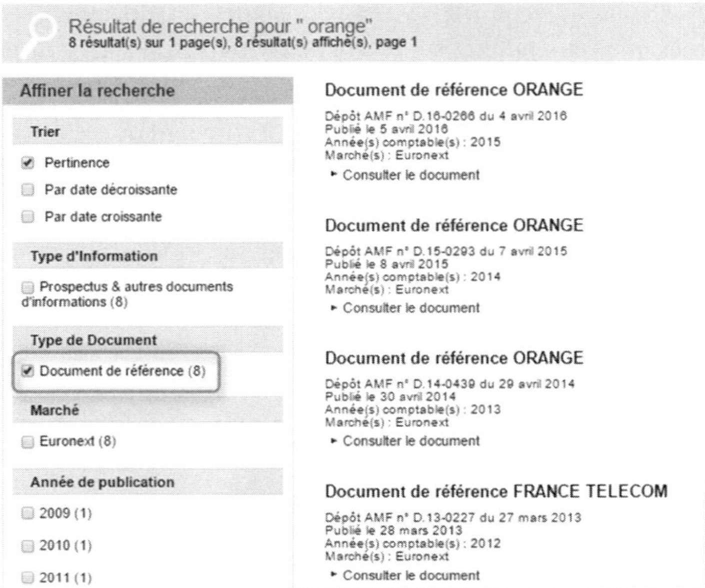

Aux États-Unis, Edgar est la base de données du gendarme boursier américain, la SEC. Entrez directement le nom de la société 1 ou son *ticker* (son symbole boursier) 2 dans les cases prévues à cet effet. Ici, l'exemple avec Apple.

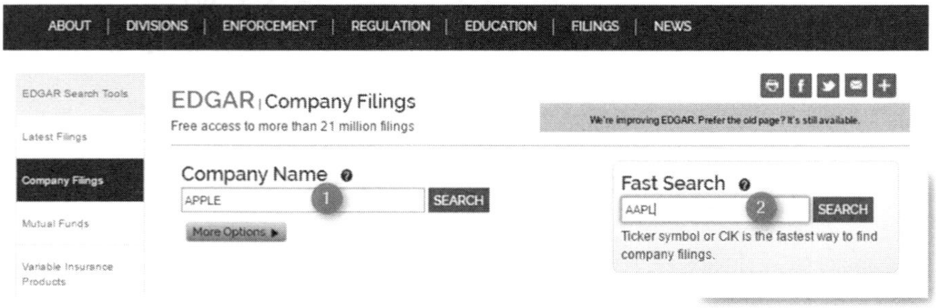

Étape suivante : renseignez « 10-K » dans la case « Filing Type » et tous les rapports annuels apparaîtront. « 10-K » est le nom américain pour désigner les rapports annuels des entreprises. Les rapports trimestriels sont quant à eux nommés « 10-Q ».

Vous savez désormais accéder aux documents de toutes les entreprises sur le marché français et américain.

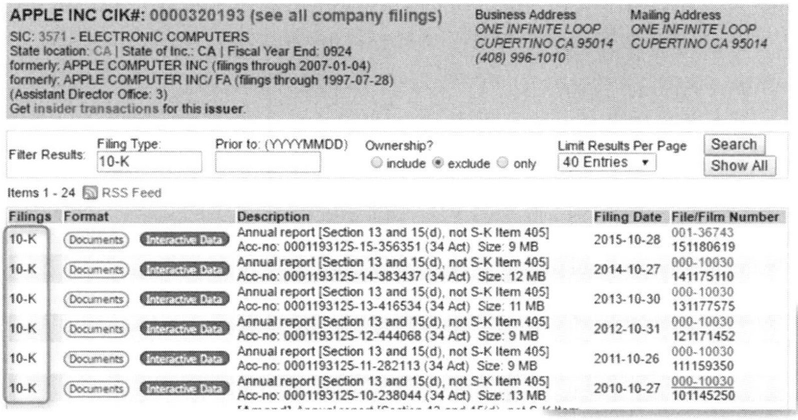
APPLE INC CIK#: 0000320193 (see all company filings)
SIC: 3571 - ELECTRONIC COMPUTERS
State location: CA | State of Inc.: CA | Fiscal Year End: 0924
formerly: APPLE COMPUTER INC (filings through 2007-01-04)
formerly: APPLE COMPUTER INC/ FA (filings through 1997-07-28)
(Assistant Director Office: 3)
Get insider transactions for this issuer.

Business Address
ONE INFINITE LOOP
CUPERTINO CA 95014
(408) 996-1010

Mailing Address
ONE INFINITE LOOP
CUPERTINO CA 95014

Filter Results: Filing Type: 10-K | Prior to: (YYYYMMDD) | Ownership? include exclude only | Limit Results Per Page 40 Entries | Search | Show All

Items 1 - 24 RSS Feed

Filings	Format		Description	Filing Date	File/Film Number
10-K	Documents	Interactive Data	Annual report [Section 13 and 15(d), not S-K Item 405] Acc-no: 0001193125-15-356351 (34 Act) Size: 9 MB	2015-10-28	001-36743 151180619
10-K	Documents	Interactive Data	Annual report [Section 13 and 15(d), not S-K Item 405] Acc-no: 0001193125-14-383437 (34 Act) Size: 12 MB	2014-10-27	000-10030 141175110
10-K	Documents	Interactive Data	Annual report [Section 13 and 15(d), not S-K Item 405] Acc-no: 0001193125-13-416534 (34 Act) Size: 11 MB	2013-10-30	000-10030 131177575
10-K	Documents	Interactive Data	Annual report [Section 13 and 15(d), not S-K Item 405] Acc-no: 0001193125-12-444068 (34 Act) Size: 9 MB	2012-10-31	000-10030 121171452
10-K	Documents	Interactive Data	Annual report [Section 13 and 15(d), not S-K Item 405] Acc-no: 0001193125-11-282113 (34 Act) Size: 9 MB	2011-10-26	000-10030 111159350
10-K	Documents	Interactive Data	Annual report [Section 13 and 15(d), not S-K Item 405] Acc-no: 0001193125-10-238044 (34 Act) Size: 13 MB	2010-10-27	000-10030 101145250

Les entreprises ont l'obligation légale de publier ces informations financières. N'oubliez donc pas que les deux sources de référence sont :

- les sites des entreprises cotées, section « relations investisseurs ». En cas de besoin, sollicitez directement leurs services pour vous aider ;
- le site des organismes officiels : l'AMF en France, la SEC aux États-Unis, SEDAR au Canada, etc.

2. Le bilan

Maintenant que vous savez trouver les rapports financiers des entreprises, il est temps de regarder plus en détail ce qui s'y trouve et notamment les états financiers.

Ils sont composés de trois document distincts qui feront chacun l'objet d'une partie de cet ouvrage : le bilan, le compte de résultat et le tableau des flux de trésorerie. Voici quelques rappels généraux utiles pour la suite :

- le bilan est une photographie du patrimoine d'une entreprise à un instant *t* ;
- il regroupe tout ce que l'entreprise possède (par exemple du cash ou de l'immobilier). C'est la partie ACTIF du bilan ;
- il regroupe aussi tout ce que l'entreprise doit (par exemple des dettes financières et des factures à régler). C'est la partie PASSIF courant et non courant (ou passif hors capitaux propres) du bilan ;
- la différence entre les deux (actif – passif courant et non courant) représente l'avoir des actionnaires, le vrai patrimoine de l'entreprise. C'est ce que l'on appelle communément les capitaux propres ou fonds propres (*equity* en anglais) ;

- les capitaux propres sont considérés comme un passif (c'est en réalité de l'argent qui appartient aux actionnaires) et apparaissent ainsi sur la même page que les autres passifs de l'entreprise ;
- les élément du bilan sont classés selon leur nature (du cash, de l'immobilier, des dettes, etc.) et leur durée de vie. Ainsi, à l'actif et au passif, vous trouverez deux sous-catégories :
  - courant, ou court terme : ce qui a une durée de vie inférieure à un an ;
  - non courant, ou long terme : ce qui a une durée de vie supérieure à un an.
- en termes de présentation dans les rapports financiers, le bilan est parfois affiché sur deux pages distinctes ou sur la même page.

Ouvrons le rapport financier semestriel (30/06/2016) de Sanofi et regardons à quoi ressemble son bilan qui se trouve p. 3-4.

L'actif

Bilans consolidés – Actif

(En milliers d'euros)	Note	30 juin 2016	31 décembre 2015
Immobilisations corporelles	*B2*	9 819	9 943
Écarts d'acquisitions (1)	*B3*	39 420	39 557
Autres actifs incorporels	*B3*	11 094	12 026
Participations dans des sociétés mises en équivalence	*B5*	2 727	2 676
Autres actifs non courants	*B6*	2 316	2 725
Impôts différés actifs		5 392	71 641
Actif non courant		**70 768**	**71 641**
Stocks		7 067	6 516
Clients et comptes rattachés (2)	*B7*	7 290	7 386
Autres actifs courants		1 772	1 767
Actifs financiers courants		130	111
Trésorerie et équivalents de trésorerie	*B9*	6 076	9 148
Actif courant		**22 335**	**24 928**
Actifs destinés à être cédés ou échangés	*B20*	6 010	5 752
TOTAL DE L'ACTIF		99 113	102 321

1. L'actif non courant, ou long terme (on peut aussi dire « les actifs non courants »), qui s'élève à 70 768 M€.
2. L'actif courant, ou court terme (on peut aussi dire « les actifs courants »), qui s'élève à 22 335 M€.

À noter

Dans les bilans français, les actifs (et passifs) non courants sont situés en haut du bilan et c'est l'inverse en comptabilité anglo-saxonne.

Nous pouvons ainsi calculer :

Actif total = Actif non courant + Actif courant
= 70 768 + 22 335 = 93 103 M€

Mais cela ne correspond pas à la ligne « Total de l'actif » de 99 113 M€. Curieux ? Non, car il y a ici une petite ligne en plus, tout en bas du bilan avant le total.

Actifs destinés à être cédés ou échangés	*B20*	6 010	5 752
TOTAL DE L'ACTIF		99 113	102 321

Lorsqu'une entreprise vend des actifs (par exemple une filiale), ces derniers sont isolés dans le bilan jusqu'au moment de la signature de la vente (et nous retrouverons bien entendu la même présentation dans les passifs du bilan).

Aussi, si vous additionnez ces 6 010 M€ aux 93 103 M€ trouvés avec la première addition, vous retrouvez bien le total de l'actif de 99 113 M€ qui figure à la dernière ligne de cette page.

Le passif

Bilans consolidés – Passif et capitaux propres

(En milliers d'euros)	Note	30 juin 2016	31 décembre 2015
Capitaux propres – Part attribuable aux actionnaires de Sanofi		54 190	58 049
Capitaux propres – Part attribuable aux intérêts non contrôlant (1)		157	161
Total des capitaux propres	***B8***	**54 347**	**58 210**
Emprunts à long terme – Partie à plus d'un an	*B9*	14 850	13 118
Passifs non courants liés à des regroupements d'entreprises et à≈des intérêts non contrôlant	*B11*	1 027	1 121
Provisions et autres passifs non courants (2)	*B12*	9 895	9 169
Impôts différents passifs		2 774	2 895
Passif non courant		**28 546**	**26 303**

▶

(En milliers d'euros)	Note	30 juin 2016	31 décembre 2015
Fournisseurs et comptes rattachés	(3)	3 928	3 817
Autres passifs courants		8 679	9 442
Passifs courants liés à des regroupements d'entreprises et à des intérêts non contrôlant	*B11*	210	130
Emprunts à court terme et part à court terme de la dette à long terme	*B9*	2 427	3 436
Passif courant		**15 244**	**16 825**
Passifs relatifs aux actifs destinés à être cédés ou échangés	*B20*	976	983
TOTAL DU PASSIF ET DES CAPITAUX PROPRES		99 113	102 321

Les capitaux propres (1) sont aussi appelés « avoir des actionnaires ». Ils s'élèvent à 54 347 M€. En réalité, ce qui revient réellement aux actionnaires, ce sont uniquement 54 190 M€ des capitaux propres part du groupe, parce que l'entreprise compte 157 M€ d'intérêts minoritaires dans ses « capitaux propres », comme nous allons le voir.

Le passif non courant (2), ou long terme (on peut aussi dire « les passifs non courants »), s'élève à 28 546 M€.

Le passif courant (3), ou court terme (on peut aussi dire « les passifs courants »), s'élève à 15 244 M€.

Nous pouvons ainsi calculer :

Passif total = Passif non courant + Passif courant + Capitaux propres + « Passifs relatifs aux actifs destinés à être cédés ou échangés »
= 28 546 + 15 244 + 54 347 + 976 = 99 113 M€

Soit exactement le même montant que le total de l'actif.

À noter

Dans les bilans français, les capitaux propres sont présentés tout en haut, puis le passif non courant, puis le passif courant. C'est l'inverse en comptabilité anglo-saxonne.

Tout le patrimoine d'une entreprise figure dans son bilan. Bien maîtriser sa présentation et sa composition est essentiel.

3. Le compte de résultat

Après le bilan, il est temps de nous intéresser au deuxième volet des états financiers d'une entreprise : le compte de résultat.

Il est un peu moins important que le bilan, car il ne traduit pas forcément la réalité au sujet de la génération de cash d'une entreprise et de l'utilisation de ce dernier. Il est par ailleurs possible de le travestir ou de le faire mentir (nous verrons ce point un peu plus tard).

Le compte de résultat présente de manière synthétique l'ensemble des revenus et des dépenses comptables de l'entreprise, soit le total des recettes moins toutes les dépenses. Autrement dit, le compte de résultat permet de savoir comment l'entreprise gagne ou perd de l'argent à partir de ses ventes (aussi appelées « chiffre d'affaires »).

Pour faire l'analogie avec un particulier, un compte de résultat annuel est la différence entre ce qu'il gagne et ce qu'il dépense sur la même année. Si les gains sont supérieurs aux dépenses, le résultat sera positif : on enregistrera un bénéfice. Si, à l'inverse, les dépenses sont supérieures aux gains, le résultat sera négatif : on enregistrera une perte.

Prenons l'exemple de Cofidur, sous-traitant électronique français. Son activité est assez simple et son compte de résultat aussi. Ouvrons son rapport financier au 30/06/2016 p. 3.

Compte de résultat consolidé

(En milliers d'euros)	Note	30 juin 2016
Chiffre d'affaires	*5.1*	**44 734**
Variation des stocks de produits en cours et finis		1 448
Autres produits d'exploitation	*5.2*	791
Achats consommés	*5.3*	– 29 407
Charges de personnel (1)	*5.4*	– 9 660
Autres charges d'exploitation	*5.5*	– 4 719
Impôts et taxes	*5.6*	– 762
Dotations aux amortissements et provisions	*5.7*	– 1 551
Résultat d'exploitation		**873**
Résultat financier	*5.8*	– 50

▶

(En milliers d'euros)	Note	30 juin 2016
Résultat courant des entreprises intégrées (2)		**823**
Résultat exceptionnel	*5.9*	– 13
Impôts sur les résultats	*5.10*	– 153
Résultat net		**656**
Dont part du groupe		656
Dont part des intérêts minoritaires (3)		–

Vous le voyez, il y a beaucoup de lignes ! Mais nous n'avons en réalité pas besoin à ce stade d'entrer dans le détail. Les notes annexes (référencées dans la colonne du milieu) seront justement là pour nous aider quand nous en aurons besoin.

La première ligne tout en haut d'un compte de résultat est toujours le chiffre d'affaires, l'ensemble des ventes qu'une entreprise facture (remarque : elle ne les encaisse pas forcément, d'où une première manipulation comptable possible).

À partir du chiffre d'affaires, on déduit toutes les charges (1) : achats de matières premières, électricité, Internet et téléphone, assurances, salaires et charges sociales, etc. On obtient ce que l'on appelle le résultat d'exploitation ou opérationnel (EBIT en anglais). Il s'élève à 873 000 € dans notre exemple.

Puis on déduit (ou ajoute selon les cas) le résultat financier (2). Il s'agit de la fameuse charge d'intérêts que nous avons vue au chapitre 4. C'est maintenant qu'il faudra la déduire du résultat opérationnel.

Si l'entreprise encaisse également des intérêts financiers (des revenus de placements, à la manière d'un livret A par exemple), il faudra faire la somme des deux. Et si les produits financiers sont plus élevés que ses charges financières, le résultat financier sera positif et il faudra donc l'additionner au résultat opérationnel. Ce résultat intermédiaire s'élève à 823 000 € dans notre exemple.

Il reste maintenant à intégrer (3) :

- les résultats exceptionnels (des résultats positifs ou négatifs) qui ne sont pas « normaux » dans le cadre de la vie de l'entreprise et qui ne se répèteront pas chaque année. Par exemple, des litiges fiscaux à payer ou un revenu exceptionnel lié à la vente d'un terrain immobilier ;
- l'impôt sur les sociétés qu'une entreprise doit payer quand elle fait des bénéfices.

On obtient alors ce que l'on appelle le résultat net, ici positif de 656 000 €.

Pour résumer, voici un compte de résultat simplifié :

Chiffre d'Affaires – Charges = Résultat opérationnel (ou EBIT)
– Intérêts de la dette – Impôt sur les sociétés (ou IS)
= Résultat net

Toutes les recettes et les dépenses d'une entreprise sont comptabilisées dans son compte de résultat, directement disponible dans les rapports financiers des entreprises.

Étudier le compte de résultat d'une entreprise permet d'en savoir plus sur sa dynamique commerciale et sa structure de coûts. Attention : toutes ces recettes et ces dépenses ne se traduisent pas forcément par des entrées ou des sorties de cash.

4. Le tableau des flux de trésorerie

Le cash est vital pour l'entreprise, un peu comme l'oxygène l'est pour le corps humain. Sans cash, celle-ci ne peut survivre.

En effet, l'entreprise en a besoin pour payer toutes ses dépenses (salariés, fournisseurs, impôts, etc.) et financer ses investissements. La génération de cash et la bonne gestion de la trésorerie sont donc (normalement) des sujets clés pour tous les gérants d'entreprises.

Dans les comptes publiés, un document financier spécifique recense toutes les entrées et les sorties de cash d'une entreprise pour une période donnée : le tableau des flux de trésorerie (*cash-flow statement*).

Gardons bien à l'esprit que certaines opérations présentes dans le compte de résultat n'entraînent aucune sortie de cash et, à l'inverse, que certaines opérations n'apparaissent pas dans le compte de résultat alors qu'elles impliquent des mouvements de cash importants. Par exemple, lorsqu'une entreprise verse un dividende à ses actionnaires, il y a bien une sortie de cash, mais ce mouvement n'apparaît pas dans le compte de résultat. De même, si une entreprise achète une usine, des locaux ou fait l'acquisition d'un business pour plusieurs dizaines de millions ou même des milliards d'euros, nous n'en saurons rien dans le compte de résultat.

Tous ces mouvements de cash apparaîtront dans le tableau des flux de trésorerie (et seront reflétés dans le bilan, puisqu'ils modifient la répartition du patrimoine d'une entreprise). La raison d'être du tableau des flux de trésorerie est ainsi de justifier la variation de la position de cash au bilan sur une période donnée (un exercice fiscal dans le cas d'un rapport annuel). Cela permet aussi de faire le lien entre le compte de résultat et l'évolution de certains postes du bilan.

Prenons l'exemple d'Air Liquide et ouvrons le dernier rapport financier p. 34. Il y a à première vue beaucoup de lignes dans un tableau de flux de trésorerie. Mais, à ce stade de notre apprentissage, nous n'avons pas besoin d'entrer dans tous les détails : le plus important est de comprendre la logique des différentes parties qui composent ce tableau et comment elles s'articulent entre elles.

Toutes ces opérations permettent d'aboutir à la variation réelle de trésorerie au cours de la période considérée.

Les activités opérationnelles

L'objectif est ici de calculer le cash généré par les opérations de l'entreprise en partant du résultat net comptable publié. Cela se fait en deux temps :

- ajout des dépenses non cash au résultat net ;
- prise en compte de la variation des actifs et passifs opérationnels (ex. : besoin en fonds de roulement) qui n'apparaissent pas dans le compte de résultat.

La première ligne tout en haut est le résultat comptable.

Tableau des flux de trésorerie consolidé

(En milliers d'euros)	Notes	1er semestre 2015	1er semestre 2016
Activités opérationnelles			
Résultat net – Part du groupe		849,4	810,6
Intérêts minoritaires		39,2	42,4

Le même que l'on retrouve tout en bas du compte de résultat.

Compte de résultat consolidé

(En milliers d'euros)	Notes	1er semestre 2015	1er semestre 2016
RÉSULTAT NET		**888,6**	**853**
Intérêts minoritaires		39,2	42,4
Part du groupe		849,4	810,6

À partir du résultat comptable, on ajoutera ou retranchera plusieurs postes afin de retrouver ce que l'entreprise a dégagé (ou consommé) comme cash grâce à ses activités.

(En milliers d'euros)	Notes	1er semestre 2015	1er semestre 2016
Activités opérationnelles			
Résultat net – Part du groupe		**849,4**	**810,6**
Intérêts minoritaires		**39,2**	**42,4**
Ajustements :			
• Dotations aux amortissements	*4*	693,6	724,5
• Variation des impôts différés (1)		43,2	42,7
• Variation des provisions		(41,7)	(29,6)
• Résultat des mises en équivalence (net des dividendes reçus)	*11*	1,4	
• Plus ou moins-values de cessions d'actifs		(9,9)	(16,1)
Capacité d'autofinancement avant variation du besoin en fonds de roulement		**1 575,2**	**1 574,5**
Variation du besoin en fonds de roulement	*13*	(578,3)	(335)
Autres éléments (2)		(31,9)	(46,8)
Flux de trésorerie généré par les activités opérationnelles		**965**	**1 192,7**

À noter

Quand les chiffres sont entre parenthèses, ils doivent être retranchés du résultat net. Les autres doivent y être ajoutés.

Cette première série de calculs (1) amène à ce que l'on appelle la capacité d'autofinancement (CAF), soit la vraie capacité de l'entreprise à dégager du cash à partir de ses opérations (vendre un produit ou un service). Si on refait tous les calculs à partir du résultat net, on obtient bien : 1 575,2 M€ (849,4 + 39,2 + 693,6 + 43,2 – 41,7 + 1,4 – 9,9).

Une fois que l'on déduit ce que l'on appelle la variation du besoin en fonds de roulement, on obtient le flux net de trésorerie généré par les activités de l'entreprise (2). Autrement dit, le cash généré avant toute opération d'investissement ou de financement. Si on refait le calcul (1 575,2 – 578,3 – 31,9), on obtient bien 965 M€, soit le cash qu'Air Liquide a généré par ses opérations sur un semestre.

Nous y reviendrons, mais retenez simplement à ce stade que le BFR (besoin en fonds de roulement) est le décalage de trésorerie entre le moment où l'on encaisse les ventes faites à ses clients et celui où l'on paie ses fournisseurs. Une entreprise qui paie d'abord ses fournisseurs puis vend a besoin d'un certain niveau de cash pour fonctionner.

La variation du BFR constitue une sortie de cash quand il augmente d'une année sur l'autre (interprétation : l'entreprise finance davantage ses clients et/ou paie plus vite ses fournisseurs, ce qui lui demande plus de cash pour fonctionner). Inversement, c'est une rentrée de cash lorsqu'il baisse (l'entreprise est davantage financée par ses fournisseurs et/ou elle est plus rapidement payée par ses clients et/ou elle écoule plus vite son stock, ce qui lui demande moins de cash pour fonctionner).

Les opérations d'investissement

L'objectif est de connaître le montant de cash qui a été consommé par les investissements réalisés sur la période étudiée et/ou qui a été généré par cessions d'investissements précédemment détenus par l'entreprise.

Toutes les opérations d'investissement et de désinvestissement du groupe apparaissent donc logiquement dans cette seconde partie de tableau.

(En milliers d'euros)	**1er semestre 2015**	**1er semestre 2016**
Opérations d'investissements		
Acquisitions d'immobilisations corporelles et incorporelles ①	(1 005,6)	(1 054,9)
Acquisitions d'immobilisations financières ①	(197,8)	(12 099,7)
Produits de cessions d'immobilisations corporelles et incorporelles ②	27,2	49,4
Produits de cessions d'immobilisations financières ②	0,3	0,3
Flux net de trésorerie lié aux opérations d'investissement	**(1 175,9)**	**(13 104,9)**

C'est dans cette rubrique ① que nous retrouverons le cash dépensé pour acquérir un immeuble, des machines, des logiciels, etc., ce que l'on appelle les immobilisations corporelles et incorporelles en langage comptable (parfois, on trouve deux lignes distinctes pour préciser les deux types d'investissements).

Au premier semestre 2016, Air Liquide a donc acquis pour 1 054,9 M€ d'immobilisations corporelles et incorporelles. L'acquisition d'immobilisations corporelles ou incorporelles peut également être désignée sous le terme « Capex ».

Faisons un focus particulier sur la ligne « acquisitions d'immobilisations financières » (2) car elle est conséquente pour Air Liquide sur ce second semestre 2016 : près de 12,1 Mds€. Il s'agit ici de l'achat d'une autre société, en l'occurrence Airgas, l'un des principaux acteurs américains du secteur.

Les produits de cessions d'immobilisations sont ici négligeables. Sur le principe, c'est juste l'inverse d'une acquisition, et une vente ramène généralement du cash à l'entreprise (sauf dans les très rares cas où l'entreprise paie pour que son actif immobilisé soit repris par une tierce partie).

En faisant le total de tout l'argent investi et désinvesti (les produits issus de la vente d'immobilisations) sur la période considérée, nous arrivons à un total de 1 175,9 M€ de cash dépensé (– 1 005,6 – 197,8 +27,2 + 0,3).

Les opérations de financement

Dans cette troisième partie du tableau de flux de trésorerie, il s'agit de suivre le cash qui a été levé par les opérations de financement et celui qui a été sorti pour faire face à d'éventuelles échéances de financement (typiquement, remboursement de prêts) ou pour rémunérer les actionnaires. Dans cette dernière section, on retrouvera deux informations principales : les sources et montants de cash levé par Air Liquide pour financer son activité.

(En milliers d'euros)	1er semestre 2015	1er semestre 2016
Opérations de financements		
Distribution		
• L'Air Liquide SA (2)	(924,1)	(946,7)
• Minoritaires	(19,)	(48,5)
Augmentations de capital en numéraire (1)	74,4	102,7
Achats d'actions propres (2)	(177,8)	(0,1)
Variation des dettes financières (1)	1 077,6	13 072,4
Transactions avec les actionnaires minoritaires	(11,6)	(0,5)
Flux net de trésorerie lié aux opérations de financement	**18,6**	**12 179,3**

D'un côté (1) l'argent des actionnaires (ligne « augmentations de capital en numéraire »), pour un montant de 102,7 M€ au premier semestre 2016. De l'autre, la souscription de dettes financières.

Ces chiffres sont positifs car de l'argent rentre dans les caisses. Un chiffre négatif, par exemple pour la dette financière, aurait signifié qu'Air Liquide aurait remboursé plus de dettes qu'elle n'en aurait levées.

La variation des dettes financières (le solde entre ce que l'entreprise rembourse et ce qu'elle lève) s'établit ici à près de 13 Mds € au premier semestre 2016. De l'argent bienvenu pour financer l'acquisition d'Airgas.

De l'autre côté, l'argent retourné aux actionnaires (2) prend la forme d'une part de dividendes (« distribution »), d'autre part, d'achats d'actions propres.

Finalement, les opérations de financement d'Air Liquide au premier semestre 2016 se soldent par un montant positif de 12 179,3 M€ d'argent entré dans ses caisses.

Synthèse : la variation de trésorerie

(En milliers d'euros)	Notes	1er semestre 2015	1er semestre 2016
Activités opérationnelles			
Résultat net – Part du groupe		**849,4**	**810,6**
Intérêts minoritaires		**39,2**	**42,4**
Ajustements :			
• Dotations aux amortissements	*4*	693,6	724,5
• Variation des impôts différés		43,2	42,7
• Variation des provisions		(41,7)	(29,6)
• Résultat des mises en équivalence (net des dividendes reçus)	*11*	1,4	
• Plus ou moins-values de cessions d'actifs		(9,9)	(16,1)
Capacité d'autofinancement avant variation du besoin en fonds de roulement		**1 575,2**	**1 574,5**
Variation du besoin en fonds de roulement	*13*	(578,3)	(335)
Autres éléments		(31,9)	(46,8)
Flux de trésorerie généré par les activités opérationnelles	(1)	**965**	**1 192,7**

▶

(En milliers d'euros)	Notes	1er semestre 2015	1er semestre 2016
Opérations d'investissements			
Acquisitions d'immobilisations corporelles et incorporelles		(1 005,6)	(1 054,9)
Acquisitions d'immobilisations financières		(197,8)	(12 099,7)
Produits de cessions d'immobilisations corporelles et incorporelles		27,2	49,4
Produits de cessions d'immobilisations financières		0,3	0,3
Flux net de trésorerie lié aux opérations d'investissement	②	**(1 175,9)**	**(13 104,9)**
Opérations de financements			
Distribution			
• L'Air Liquide SA		(924,1)	(946,7)
• Minoritaires		(19,9)	(48,5)
Augmentations de capital en numéraire		74,4	102,7
Achats d'actions propres		(177,8)	(0,1)
Variation des dettes financières		1 077,6	13 072,4
Transactions avec les actionnaires minoritaires		(11,6)	(0,5)
Flux net de trésorerie lié aux opérations de financement	③	**18,6**	**12 179,3**
Incidences des variations monétaires et du périmètre		(67,7)	60,5
Variation de la trésorerie nette		**(260)**	**327,6**

Quand on additionne les trois types de flux de cash (opérations, investissement, financement), on sait justifier la variation du cash sur le compte en banque de l'entreprise sur la période considérée.

À noter

En réalité, il faudra aussi ajouter l'avant-dernière ligne du tableau « Incidences des variations monétaires et du périmètre » au résultat afin d'obtenir le bon montant final (elles regroupent notamment les impacts des effets de change) : ① + ② + ③ + Incidences des variations monétaires et du périmètre = 1 192,7 – 13 104,9 + 12 179,3 + 60,5 = 327,6 M€.

Les dernières lignes du tableau récapitulent cette opération.

(En milliers d'euros)	Notes	1er semestre 2015	1er semestre 2016
Incidences des variations monétaires et du périmètre		(67,7)	60,5
Variation de la trésorerie nette		**(260)**	**327,6**
TRÉSORERIE NETTE AU DÉBUT DE L'EXERCICE		854,9	875,4
TRÉSORERIE NETTE À LA FIN DE L'EXERCICE		549,9	1 203

Et on retrouve bien :

Trésorerie nette au début de l'exercice + Variation de la trésorerie nette = Trésorerie nette à la fin de la période

Soit 875,4 + 327,6 = 1 203 M€.

Dans la continuité (p. 35), Air Liquide présente la situation de trésorerie du groupe (cash – découverts bancaires).

(En milliers d'euros)	Notes	31 décembre 2015	30 juin 2015	30 juin 2016
Trésorerie et équivalents de trésorerie	*16*	965,5	639,5	1 315,8
Découverts bancaires (inclus dans les dettes financières courantes)		(90,1)	(98,6)	(112,8)
TRÉSORERIE NETTE		875,4	594,9	1 203

On retrouve bien les montants respectifs de 875,4 M€ et 1 203 M€ (trésorerie en début et en fin de période) tels que présentés dans le tableau des flux de trésorerie.

Tous les mouvements de cash (entrées et sorties) sont répertoriés dans le tableau des flux de trésorerie, qui se divise en trois sections :

- le flux net de trésorerie généré par les activités opérationnelles (*net cash provided by (used in) operating activities*) ;
- le flux net de trésorerie lié aux opérations d'investissement (*net cash provided by (used in) investing activities*) ;
- le flux net de trésorerie lié aux opérations de financement (*net cash provided by (used in) financing activities*).

À noter
Les tableaux de flux de trésorerie ne sont pas standardisés. Ainsi, bien que la structure des tableaux des flux de trésorerie soit identique pour toutes les entreprises, le détail des différentes lignes n'est pas nécessairement identique. Il faudra être attentif à chacune d'entre elles lorsque vous ferez vos analyses.

Étudier les tableaux de flux de trésorerie permet de savoir :
- **quelles sont les sources et les montants de cash qui entrent dans les caisses d'une entreprise ;**
- **ce que fait l'entreprise de ce cash.**

5. Les notes des rapports financiers

Une des parties les plus importantes d'un rapport annuel est ce qu'on appelle ses « notes ». Comment les trouver et pourquoi les lire ?

Où trouver les notes d'un rapport financier ?

D'abord, trouvez le rapport financier de l'entreprise, comme vous avez appris à le faire précédemment.

Ouvrons par exemple le rapport financier semestriel (30/06/2016) de Sanofi et regardons la partie Actif de son bilan, particulièrement la colonne qui s'appelle « Note ». Vous la voyez ?

Bilans consolidés – Actif

(En milliers d'euros)	Note	30 juin 2016	31 décembre 2015
Immobilisations corporelles	*B2*	9 819	9 943
Écarts d'acquisitions	*B3*	39 420	39 557
Autres actifs incorporels	*B3*	11 094	12 026
Participations dans des sociétés mises en équivalence	*B5*	2 727	2 676
Autres actifs non courants	*B6*	2 316	2 725
Impôts différés actifs		5 392	71 641
Actif non courant		**70 768**	**71 641**
Stocks		7 067	6 516

▶

(En milliers d'euros)	Note	30 juin 2016	31 décembre 2015
Clients et comptes rattachés	*B7*	7 290	7 386
Autres actifs courants		1 772	1 767
Actifs financiers courants		130	111
Trésorerie et équivalents de trésorerie	*B9*	6 076	9 148
Actif courant		**22 335**	**24 928**
Actifs destinés à être cédés ou échangés	*B20*	6 010	5 752
TOTAL DE L'ACTIF		99 113	102 321

Ce qu'on appelle les « notes » d'un rapport financier, ce sont les lettres et chiffres de la colonne « Note ». Il y a une colonne « Note » dans (presque) tous les tableaux financiers du rapport : actif, passif, compte de résultat et tableau de flux de trésorerie.

La note qui figure dans ces tableaux est un renvoi vers un paragraphe qui fournit des explications détaillées sur le sujet concerné. Pour y accéder il suffit de consulter les pages qui suivent les états financiers et de rechercher le renvoi correspondant.

Ainsi, la note B9 de la ligne « Trésorerie et équivalent de trésorerie » de l'actif de Sanofi ci-dessus renvoie p. 23 du rapport financier. Vous y trouvez alors le tableau suivant.

Emprunts, dettes financières, trésorerie et équivalents de trésorerie

(En milliers d'euros)	30 juin 2016	31 décembre 2015
Emprunts à long terme – partie à plus d'un an	14 850	13 118
Emprunts à court terme de la dette à long terme	2 427	3 436
Instruments dérivés des taux et de change dédiés à la couverture de la dette financière	(189)	(156)
Total dette financière	**17 088**	**16 398**
Trésorerie et équivalents de trésorerie	(6 076)	(9 148)
Instruments dérivés de taux et de change dédiés à la couverture de la trésorerie et des équivalents de trésorerie	–	4
Dette nete de la trésorerie et des équivalents de tésorerie	**11 012**	**7 254**

Le total « Dette nette de la trésorerie et des équivalents de trésorerie » est un indicateur financier utilisé par la direction et les investisseurs pour mesurer l'endettement net global de Sanofi.

Comment lire les notes d'un rapport financier ?

La lecture des notes est très utile pour comprendre la situation réelle dans laquelle se trouve une entreprise.

Pourtant, la plupart des investisseurs et intervenants du secteur boursier ne les lisent pas nécessairement. Incroyable mais vrai et la raison est assez évidente : lire ces notes est souvent pénible. C'est un peu comme les petites lignes des contrats d'assurance que nous signons tous : nous savons bien qu'il est indispensable de les lire pour savoir en détail les règles qui régiront l'application de ces contrats, mais combien d'entre nous les étudient avec attention avant de signer leur police d'assurance ? L'humain préfère regarder les grands points (le montant de la prime et le niveau des franchises) et se convaincre que lire les petites lignes ne sert à rien et que, de toute façon, « il fait confiance ». Ce qui ne l'empêche pas de se sentir trompé lorsqu'il découvre qu'il n'est pas aussi bien couvert qu'il le pensait !

Deux solutions s'offrent ainsi à vous concernant les notes des rapports financiers :

- apprendre à les lire tout en y trouvant du plaisir et de la motivation : vous avez un jour appris à lire, ce fut difficile et laborieux mais à présent vous lisez sans difficulté. C'est pareil pour les notes des rapports financiers ;
- vérifier que celui qui conseille les placements de votre capital lit bien les notes de rapport avant de lui accorder votre confiance.

Si tous les investisseurs lisaient vraiment les notes, on ne parlerait pas de « scandale Enron, Worldcom, etc. », car de nombreux éléments permettant de comprendre qu'il y avait des choses louches dans ces entreprises pouvaient y être trouvés.

Les notes de rapport sont les lettres et/ou chiffres des états financiers qui renvoient aux explications détaillées de chaque sujet concerné. Leur lecture est utile pour comprendre précisément la situation de l'entreprise.

S'attacher à les lire de manière systématique ou ne confier votre capital qu'à ceux qui les lisent vous donne un avantage certain par rapport aux autres investisseurs pour la préservation de votre capital.

6. Le nombre d'actions d'une société

L'importance de connaître le nombre d'actions

Être actionnaire d'une entreprise, c'est en être copropriétaire. Chaque action détenue représente une part du business, soit le titre de propriété. La propriété d'un business peut être représentée comme celle d'un gâteau divisé en parts, par exemple un gâteau de 10 parts. La propriété d'une part représente alors un dixième du gâteau. Si vous possédez toutes les parts, tout le gâteau est à vous. Il en va de même pour un business, sauf que celui-ci est généralement constitué de millions de parts.

Aussi, savoir en combien de parts est divisé un business est essentiel : le nombre total de parts multiplié par le prix d'une part représente le prix à payer pour acquérir le business coté en Bourse. Inversement, la juste valeur d'un business divisée par son nombre d'actions donne la juste valeur de l'action cotée en Bourse.

Vérifier régulièrement l'évolution du nombre d'actions est important lorsqu'on est actionnaire : plus ce nombre augmente et plus la taille de votre part du gâteau est réduite. Inversement, plus le nombre d'actions diminue, plus votre part dans le business est importante.

Il est donc important de savoir trouver le nombre d'actions dans les rapports financiers. Connaître le bon nombre d'actions permettra notamment de calculer (et vérifier soi-même) différentes notions essentielles telles que la capitalisation boursière d'une entreprise (nombre d'actions × cours de Bourse) ou encore son bénéfice par action (bénéfice/nombre d'actions).

Comment trouver le nombre d'actions ?

Ce qui nous intéresse est de connaître avec précision le nombre d'actions émises par l'entreprise en circulation (c'est-à-dire celles qui sont détenues par des actionnaires comme vous et qui sont susceptibles d'être échangées sur le marché).

Parfois, les entreprises proposent elles-mêmes un tableau qui reprend cette donnée, mais ce n'est pas toujours le cas. Il faut donc faire quelques recherches et deux options s'offrent à nous.

■ Le tableau de variation des capitaux propres consolidés

Ce tableau est présenté en général juste après le bilan dans un rapport financier. Il indique les différents éléments qui ont fait évoluer les capitaux propres (l'avoir des actionnaires d'une entreprise, en particulier l'évolution du nombre d'actions). Ainsi, p. 127 du rapport annuel 2015 de LVMH, nous voyons distinctement la colonne « nombre d'actions ». Au 31/12/2015, ce nombre s'élève à 507 139 110.

Tableau de variation des capitaux propres consolidés

	Nombre d'actions
Notes	
Au 31 décembre 2012	**508 163 349**
Gains et pertes enregistrés en capitaux propres	
Résultat net	
Résultat global	
Charges liées aux plans d'options	
(Acquisitions)/cessions d'actions LVMH et instruments dénouables en actions LVMH	
Levées d'options de souscription d'actions LVMH	552 137
Annulation d'actions LVMH	(1 124 740)
Augmentations de capital des filiales	
Dividendes et acomptes versés	
Prises et pertes de contrôle dans les entités consolidées	
Acquisitions et cessions de parts d'intérêts minoritaires	
Engagements d'achats de titres de minoritaires	
Au 31 décembre 2015	**507 139 110**

À noter

Ce tableau est très pratique car il permet aussi de suivre l'évolution année après année.

■ Lire les notes

Comme nous l'avons vu précédemment, c'est très souvent dans les notes annexes que se trouvent les informations les plus précieuses. Concernant LVMH, si vous vous rendez à la note n° 15 intitulée « Capitaux propres » (p. 152), que lit-on ?

Capitaux propres – capital social et primes

Au 31 décembre 2015, le capital social, entièrement libéré, est constitué de 507 139 110 actions [...], au nominal de 0,30 euro ; 229 780 453 actions bénéficient d'un droit de vote double, accordé aux actions détenues sous forme nominative depuis plus de 3 ans. [...] Les variations du capital social et des primes, en nombre d'actions et en valeur, s'analysent de la façon suivante :

(En millions d'euros)	2015				2014	2013
	Nombre	Montant			Montant	Montant
		Capital	Primes	Total		
Au 1er janvier	**507 711 713**	**152**	**2 655**	**2 087**	**4 001**	**4 000**
Exercices d'options de souscription d'actions	552 137	–	35	35	59	67
Distribution en nature des actions Hermès	–	–	–	–	(1 203)	–
Annulations d'actions	(1 124 740)	–	(111)	(111)	(50)	(66)
Au 31 décembre	**507 139 110**	**152**	**2 579**	**2 731**	**2 807**	**4 001**

Il y a bien 507 139 110 actions qui composent le capital social de l'entreprise. Il est alors rassurant de constater que les deux sources d'information différentes que nous avons utilisées donnent la même information.

Le bénéfice par action

Ce chiffre est directement donné dans le compte de résultat (p. 124).

Compte de résultat consolidé

(En millions d'euros, sauf résultats par action)	Notes	2015
Ventes	*23-24*	**35 664**
Coût des ventes		(12 553)
Marge brute		**23 111**
Charges commerciales		(13 830)
Charges administratives		(2 663)
Part dans les résultats des sociétés mises en équivalence	*7*	(13)
Résultat opérationnel courant	*23-24*	**6 605**
Autres produits et charges opérationnels	*25*	(221)

▶

(En millions d'euros, sauf résultats par action)	Notes	2015
Résultat opérationnel		**6 384**
Coût de la dette financière nette		(78)
Autres produits et charges financiers		(336)
Résultat financier	*26*	**(414)**
Impôts sur les bénéfices	*27*	(1 969)
Résultat net avant part des minoritaires		**4 001**
Part des minoritaires	*17*	(428)
Résultat net, part du groupe		**3 573**
Résultat net, part du groupe par action ***(en euros)***	*28*	**7,11**
Nombre d'actions retenu pour le calcul		502 395 491
Résultat net, par du groupe par action après dilution ***(en euros)***	*28*	**7,08**
Nombre d'actions retenu pour le calcul		504 894 946

Il est de 7,11 € pour l'année 2015 (3 573 M€ de résultat net divisé par 502 395 491 actions).

On voit en revanche que le nombre d'actions retenu pour le calcul ne correspond pas au nombre trouvé précédemment. L'explication se trouve dans la note n° 28 (p. 175).

Résultat par action

	2015
Résultat net, part du groupe ***(en millions d'euros)***	**3 573**
Nombre moyen d'actions en circulation sur l'exercice (1)	507 543 064
Nombre moyen d'actions auto-détenues sur l'exercice (2)	(5 147 573)
Nombre moyen d'actions pris en compte pour le calcul avant diffusion	**502 395 491**
Résultat par action ***(en euros)***	**7,11**

(1) Tout d'abord, pour calculer un bénéfice par action, on retient le nombre moyen (pondéré sur la période) d'actions en circulation sur l'année 2015 et non le nombre d'actions au 31 décembre 2015 : c'est une convention comptable. Si le nombre d'actions a fortement évolué dans l'année, le chiffre du 31 décembre ne reflèterait pas la « réalité moyenne » de l'entreprise sur l'année. Cependant, le nombre au 31 décembre est plus susceptible de refléter l'avenir.

(2) Ensuite, il faut déduire les actions auto-détenues (toujours la moyenne sur l'année) : 5 147 573. Il s'agit d'actions LVMH achetées par l'entreprise elle-même. Il est d'usage de ne pas les comptabiliser pour calculer le bénéfice par action car il suffit d'acquérir toutes les actions en circulation de l'entreprise pour posséder toute l'entreprise, y compris les actions qu'elle détient elle-même (pour information, lors d'une distribution de dividendes, ces actions n'en reçoivent pas).

Les plus curieux pourront regarder la composition des capitaux propres dans le bilan (p. 126) et se référer à la note n° 15.2, p. 153, pour connaître le nombre d'actions auto-détenues au 31 décembre 2015.

Attention à la dilution

Une dilution correspond à la diminution d'une participation d'un actionnaire au capital d'une entreprise. Autrement dit, c'est ce qui arrive quand le nombre d'actions d'une entreprise augmente et que votre part reste stable. Votre part de gâteau diminue, vous êtes dilué.

À titre d'exemple, si vous possédez une part dans un gâteau de 10 parts, vous en avez un dixième. Si ce nombre augmente et passe à 20 parts, vous n'en possédez plus qu'un vingtième. C'est la même logique avec une part d'entreprise. Aussi, afin de vérifier ce qui vous revient vraiment en tant qu'actionnaire, il faudra toujours faire attention aux éléments dilutifs.

Une source potentielle de dilution fréquente est l'émission de stock-options qui servent à rémunérer le management. La note n° 16, p. 154, l'indique :

Plan d'options d'achat et de souscription

L'Assemblée générale du 16 avril 2015 a renouvelé l'autorisation accordée au conseil d'administration pour une période de vingt-six mois expirant en juin 2017, de consentir, en une ou plusieurs fois, au bénéfice des membres du personnel ou dirigeants des sociétés du groupe, des options de souscription ou d'achat d'action dans la limite de 1 % du capital de la société.

Chaque plan a une durée de dix ans et les options sont exerçables après un délai de quatre ans. Pour l'ensemble des plans, la parité est d'une action pour une option attribuée.

Les trois informations utiles :

- la dilution maximum chez LVMH ne concerne que 1 % du capital, le potentiel de dilution pour l'actionnaire est donc ici minime ;
- les plans d'attribution des options ont une durée de dix ans (la durée de vie des options distribuées). Une stock-option est un droit d'acheter des actions à un prix fixé à l'avance. Donc si le cours de l'action progresse, au bout de dix ans les options pourraient valoir bien plus. Ce mécanisme doit théoriquement motiver les managers à bien travailler ;
- les salariés qui ont reçu des options ne peuvent les exercer que quatre ans au minimum après les avoir reçues. La dilution est donc assez éloignée dans le temps.

Cela dit, rien n'empêche LVMH de voter un nouveau plan avec d'autres caractéristiques : il convient donc de rester vigilant sur ce point au fil des années.

La synthèse (p. 156) indique donc :

- le nombre d'options en circulation au 31 décembre 2015 (2 821 150) ;
- le prix moyen d'exercice (le prix auquel les managers peuvent acheter de nouvelles actions LVMH), soit 55,68 €. À comparer avec un cours actuel de 160 € (les managers qui détiennent ces stock-options peuvent donc d'ores et déjà acheter des actions LVMH à 55,68 € sur le marché et les revendre instantanément à 160 €).

	2015	
	Nombre	**Prix d'exercice moyen pondéré** ***(en euros)***
Options de souscription restant à exercer au 1er janvier	**3 384 313**	**66,15**
Options devenues caduques	(11 026)	55,46
Ajustements effectués du fait de la distribution en nature d'actions Hermès	–	–
Options exercées	(552 137)	63,06
Options de souscription restant à exercer au 31 décembre	**2 821 150**	**55,68**

Le bénéfice par action dilué

Le bénéfice par action est donc également impacté en cas de dilution. Retournons voir le compte de résultat (toujours p. 124).

Compte de résultat consolidé

(En millions d'euros, sauf résultats par action)	Notes	2015
Ventes	*23-24*	**35 664**
Coût des ventes		(12 553)
Marge brute		**23 111**
Charges commerciales		(13 830)
Charges administratives		(2 663)
Part dans les résultats des sociétés mises en équivalence	*7*	(13)
Résultat opérationnel courant	*23-24*	**6 605**
Autres produits et charges opérationnels	*25*	(221)
Résultat opérationnel		**6 384**
Coût de la dette financière nette		(78)
Autres produits et charges financiers		(336)
Résultat financier	*26*	**(414)**
Impôts sur les bénéfices	*27*	(1 969)
Résultat net avant part des minoritaires		**4 001**
Part des minoritaires	*17*	(428)
Résultat net, part du groupe		**3 573**
Résultat net, part du groupe par action *(en euros)*	*28*	**7,11**
Nombre d'actions retenu pour le calcul		502 395 491
Résultat net, part du groupe par action après dilution *(en euros)*	*28*	**7,08**
Nombre d'actions retenu pour le calcul		504 894 946

Après dilution, le bénéfice par action est de 7,08 € seulement (le résultat net est toujours de 3 573 M€ mais le nombre d'actions est lui de 504 894 946). La faute aux éléments dilutifs.

Retournons voir la note n° 28 (p. 175).

Résultat par action

	2015
Résultat net, part du groupe ***(en millions d'euros)***	**3 573**
Nombre moyen d'actions en circulation sur l'exercice	507 543 064
Nombre moyen d'actions auto-détenues sur l'exercice	(5 147 573)
Nombre moyen d'actions pris en compte pour le calcul avant diffusion	**502 395 491**
Résultat par action ***(en euros)***	**7,11**
Nombre moyen d'actions en circulation pris en compte ci-dessus	502 395 491
Effet de dilution des plans d'options	2 499 455
Autres effets de dilution	–
Nombre moyen d'actions pris en compte pour le calcul après effets dilutifs	**504 894 946**
Résultat par action après dilution ***(en euros)***	**7,08**

L'émission potentielle de 2 499 455 stock-options entraîne une hausse du nombre d'actions à retenir pour calculer le bénéfice par action. Ces stock-options ne sont pas émises au 31 décembre 2015 mais elles peuvent l'être à tout moment – il faut donc les comptabiliser.

Savoir à tout instant en combien d'actions est divisé le capital de l'entreprise est essentiel quand on en est actionnaire ou que l'on envisage de le devenir.

Cela permet notamment de savoir quel prix on paie pour acheter l'entreprise : tout comme vous regarderiez le prix d'un bien immobilier avant de faire une transaction, il faut aussi regarder le prix d'une entreprise avant de l'acheter.

Il est également important de savoir si des éléments dilutifs existants sont susceptibles de venir modifier cette répartition à court ou moyen terme. Une utilisation trop généreuse du capital à vos dépens est souvent le signe d'une entreprise à éviter.

6

Les bases du bilan

1. La liquidité et les ratios de base

Rappel

Le bilan est une photographie du patrimoine d'une entreprise à un instant t. *Ce patrimoine est composé d'actifs (ce que l'entreprise possède et qui doit normalement lui servir à gagner de l'argent) et de passifs (les ressources qui ont servi à financer les actifs).*

Comme aiment le rappeler les investisseurs prudents : « pour prospérer, il faut d'abord survivre ». C'est pourquoi nous avons vu que l'une des premières choses à faire pour un investisseur prudent est d'évaluer la solidité financière d'une entreprise à travers l'étude de sa dette.

Vous savez donc déjà qu'une entreprise doit pouvoir payer ses dettes financières et vous ne serez pas surpris de savoir qu'elle doit aussi payer ses dettes opérationnelles. Par exemple, elle devra payer les factures de ses fournisseurs. En cas d'incapacité à le faire, sa survie pourrait être menacée.

Pour s'assurer de la capacité de payer les dettes opérationnelles d'une entreprise, il suffit de s'assurer que l'entreprise a suffisamment de cash ou d'actifs facilement monnayables pour payer tout ce qu'elle doit. Dans le jargon, certains disent que l'on doit regarder si le bilan d'une entreprise est suffisamment liquide, ce qui ne signifie rien de plus que la chose suivante : l'entreprise peut rapidement transformer ses actifs en cash. Car c'est bien de cela dont une entreprise a besoin pour financer ses activités.

On comprend facilement que si l'entreprise a beaucoup de cash et de créances non douteuses (les factures que les clients doivent payer sous quelques semaines ou quelques mois) par rapport à ses engagements à court terme (le passif courant), il n'y a *a priori* aucune inquiétude à avoir.

À l'inverse, il est plus difficile de payer ses fournisseurs ou ses impôts avec des usines ou des terrains immobiliers. Cela prend généralement plus de temps pour monnayer ce type d'actifs, si cela est possible sans impacter l'activité de l'entreprise.

Liquide ou pas liquide, comment savoir facilement ?

À titre d'exemple, regardons les actifs de deux entreprises. Ceux de Veolia (rapport financier au 30 juin 2016, p. 41) sont les suivants.

(En millions d'euros)		Au 30 juin 2016
Goodwill	*6.1*	4 918,8
Actifs incorporels du domaine concédé	*6.2.1*	2 638,3
Autres actifs incorporels	*6.2.2*	912,6
Participations dans les co-entreprises	*5.2.2*	1 908,4
Participations dans les entreprises associées		446,3
Titres de participation non consolidés		61
Actifs financiers opérationnels non courants	*5.4*	1 612,2
Instruments dérivés non courants – Actif	*7.2.2*	32,6
Autres actifs financiers non courants	*7.1.2*	460,5
Impôts différés actifs		1 126,9
Actifs non courants		**20 859,1**
Stocks et travaux en cours	*5.3*	696,7
Créances d'exploitation	*5.3*	8 894,3
Actifs financiers opérationnels courants	*5.4*	144,2
Autres actifs financiers courants	*7.1.2*	252,2
Instruments dérivés courants – Actif	*7.2.2*	125,5
Trésorerie et équivalents de trésorerie	*7.1.3*	3 680,2
Actifs classés comme détenus en vue de la vente		366,4
Actifs courants		**14 159,5**
TOTAL ACTIF		**35 018,6**

L'actif est composé à 60 % (20 859/35 018) d'actifs à long terme donc, par définition, non monnayables rapidement.

À l'inverse, Neurones affiche un bilan extrêmement liquide au 30 juin 2016 puisque l'actif courant représente plus de 80 % (292 649/357 217) de l'actif. Si l'on regarde en détail, il s'agit majoritairement de cash et de créances, les actifs les plus liquides qui soient.

(En milliers d'euros)		**Au 30 juin 2016**
ACTIFS NON COURANTS		
Immobilisations incorporelles	*1/2*	42 391
Immobilisations corporelles	*3*	14 887
Actifs financiers	*4*	5 436
Autres actifs financiers évalués à la juste valeur	*4*	0
Actifs d'impôt différé	*5*	1 854
Total des actifs non courants		**64 568**
ACTIFS COURANTS		
Stocks	*6*	741
Créances d'impôt exigibles		5 316
Clients et autres débiteurs	*7*	**162 731**
Trésorerie et équivalents de trésorerie	*8*	123 861
Total des actifs courants		**292 649**
TOTAL ACTIFS		**357 217**

Ces deux ordres de grandeur reflètent probablement à la fois le métier et le type de gestion de chacune des entreprises :

- Veolia est l'un des leaders mondiaux dans la gestion de l'eau, des déchets et de l'énergie, ce qui nécessite du matériel lourd et coûteux ainsi que des investissements à long terme ;
- Neurones fournit des prestations de services informatiques. Elle n'a donc pas besoin d'usines et de machines, et n'a pratiquement aucun stock.

Allons plus loin

Les montants et la composition des actifs courants n'ont en réalité que peu de valeur dans l'absolu. Si Neurones avait 200 millions de dettes financières à court terme et 200 millions à régler à ses fournisseurs, la situation ne sera pas aussi saine qu'il y paraît au premier abord. C'est pourquoi il faut toujours mettre en relation les actifs courants avec les passifs courants.

Une manière assez simple d'évaluer la liquidité d'un bilan passe par le calcul d'un ratio spécifique, appelé le ratio de liquidité générale (*current ratio*). Il se calcule *via* la formule suivante : actifs courants/passifs courants. Il ne traduit rien de plus que le fait qu'il est souhaitable d'avoir des actifs courants au bilan pour payer les passifs courants, un constat qui est particulièrement vrai pour les entreprises qui ont un cycle de génération de cash non régulier.

Très basiquement, un chiffre supérieur à 1 signifie que l'entreprise a les moyens de faire face à ses engagements à court terme. Dans le cas général, on veut que notre entreprise ait suffisamment de cash pour régler ses dettes, rien de plus. Le *current ratio* n'est rien de plus qu'un raccourci pratique dans certains cas.

Reprenons la partie « passifs » des deux entreprises précédemment étudiées.

Veolia

PASSIFS COURANTS		15 446,5
TOTAL DES PASSIFS ET DES CAPITAUX PROPRES		35 018,6

Neurones

TOTAL DES PASSIFS COURANTS		133 249
TOTAL CAPITAUX PROPRES ET PASSIFS		357 217

Véolia affiche 15 446 M€ de passifs courants et Neurones 133 249 M€.

Calculons les *current ratios* respectifs.

Millions €	Veolia	Neurones
Actifs courants (a)	14 159	292,6
Passifs courants (b)	15 446	133,2
Current ratio (a)/(b)	0,92	2,19

La situation de Neurones apparaît à première vue bien plus confortable que celle de Veolia. Mais avant de tirer toute conclusion hâtive, la prudence recommande de :

- se souvenir qu'il suffit d'avoir du cash pour payer ses dettes et qu'une entreprise peut parfaitement en générer en cours d'exercice soit par ses résultats, soit par des ventes d'actifs (même si cette dernière manière est moins commode que de simplement convertir ses actifs courants en cash ou d'attendre que l'argent rentre par l'activité) ;
- aller vérifier les chiffres chez les concurrents afin d'essayer de voir s'il y a une « norme » dans le secteur (et aussi si cette norme a du sens pour vous) ;
- regarder l'évolution de ce chiffre dans le temps. Cela pourrait permettre de voir si la situation actuelle est normale ou exceptionnelle par rapport à l'historique.

Si l'on observe des divergences sur les deux derniers points, il conviendra de chercher des explications... Et si vous n'en trouvez aucune vraiment convaincante, il est peut-être plus prudent de passer à autre chose.

Dans le doute, il est sans doute préférable de privilégier des entreprises ayant un *current ratio* élevé que l'inverse.

Exemples de *current ratios* dans différents secteurs d'activité

Entreprise	Secteur	Actifs courants	Passifs courants	*Current ratio*
Linedata	Logiciels	87	55	1,6
Gaia	Streaming vidéo	65	12	5,4
Les Nouveaux Constructeurs	Promotion immobilière	807	378	2,1
Etam	Distribution, textile	431	395	1,1
Guillin	Industrie, emballage alimentaire	246	176	1,4

Chiffres au 30/06/2016.

Estimer la capacité d'une entreprise à payer ses échéances opérationnelles à court terme est essentiel pour s'assurer de sa solidité financière.

Si la liquidité d'un bilan est insuffisante, l'entreprise peut littéralement mourir ou fortement diluer ses actionnaires existants pour assurer sa survie.

Le *current ratio* n'est pas la solution miracle mais il permet de se faire rapidement une idée sur la situation d'une entreprise.

Compléments

Le *current ratio* est un indicateur utile pour évaluer la solidité financière à court terme mais il n'est pas nécessairement un indicateur précis – par exemple, si le business ne demande pas de stocks ni de cash pour tourner. Un business profitable de vente d'abonnements à des contenus ou un éditeur de logiciels n'ont besoin ni de l'un ni de l'autre : leur business fait rentrer du cash par leurs opérations. Sont-ils en situation de stress financier s'ils n'ont pas un bon *current ratio* ? Tout dépend de l'ampleur de leurs échéances et de la quantité de cash qu'ils rentrent...

Des ratios de liquidité trop élevés peuvent par ailleurs signifier que l'utilisation des actifs courants n'est pas forcément optimale et, paradoxalement, parfois même créer un problème de liquidité ! Quelques exemples :

- usage non optimal des actifs courants : l'entreprise a un excès de cash dormant très important par rapport à tout estimé raisonnable de ses besoins opérationnels (elle pourrait éventuellement rendre ce cash à ses actionnaires) ;
- problème de liquidité : trop de stocks qui dorment dans des entrepôts et qui ne font que s'y entasser dans le temps.

Plus restrictif que le *current ratio*, le ratio de liquidité restreinte (*quick ratio*) permet de vérifier quelle est la situation d'une entreprise en situation de stress, lorsqu'elle ne peut écouler ses stocks. C'est pourquoi ceux-ci sont exclus du calcul : le *quick ratio* s'obtient en divisant l'actif courant diminué des stocks par le passif courant.

Enfin, le ratio le plus extrême, dit de liquidité immédiate (*acid-test ratio*), ne prend en compte que le cash rapporté aux passifs courants.

Bien sûr, le ratio le plus adapté dépend de la situation : on ne saurait que trop rappeler qu'une analyse se fait au cas par cas, en gardant cependant à l'esprit que la problématique d'une entreprise reste avant tout de générer du cash en quantité suffisante, d'abord pour survivre et payer l'ensemble des acteurs impliqués dans son fonctionnement, ensuite pour faire prospérer ses propriétaires.

2. Les immobilisations, la dépréciation et les amortissements

Pour fonctionner et développer leurs activités, les entreprises ont besoin :

- d'actifs court terme, comme du cash, des créances clients ou des stocks ;
- d'actifs long terme, qui ont donc vocation à être conservés et utilisés plusieurs années, comme des usines, des machines, des propriétés immobilières, des camions...

Il est essentiel d'apprendre à décrypter certains mécanismes comptables que vous rencontrerez nécessairement lorsqu'on parlera d'immobilisations.

Les immobilisations

Les actifs long terme sont classés principalement en trois catégories, que l'on appelle « immobilisations » dans le langage comptable. Voici comment est par exemple présenté le bilan de Gévelot au 31 décembre 2015 (p. 16).

(En milliers d'euros)		**Montant net au 31/12/2015**
Écarts d'acquisition	*Note 4*	1 082
Immobilisations incorporelles (2)	*Note 4*	4 353
Immobilisations corporelles (1)	*Note 4*	79 209
Actifs financiers non courants (3)	*Note 5*	1 534
TOTAL ACTIF NON COURANT		**86 178**

(1) Les immobilisations corporelles correspondent aux actifs tangibles, ceux dont on peut s'assurer d'une existence physique (immobilier, machines, usines, engins de chantier...).

(2) Les immobilisations incorporelles sont des brevets ou des logiciels d'une part ou quand une entreprise en achète une autre et qu'elle paie une « prime » par rapport à la valeur des capitaux propres et qu'on enregistre un écart d'acquisition (« *goodwill* »), d'autre part. Ces deux types d'actifs sont dits intangibles.

(3) Les immobilisations financières correspondent à des investissements financiers (actions, obligations) ou à des participations dans d'autres entreprises.

Quand une entreprise acquiert de tels actifs, ils sont directement inscrits au bilan.

À noter

Si un actif est porté au bilan, ce n'est pas une dépense dans le compte de résultat. Ainsi, si une entreprise achète par exemple un terrain immobilier, on ne retrouvera aucune trace de cette transaction dans le compte de résultat, sauf dans une faible mesure par le mécanisme d'amortissement.

L'amortissement

Sans se noyer dans les détails techniques, il est important de retenir que l'amortissement est une dépense purement comptable portée au compte de résultat, supposée traduire l'usure et la durée de vie d'une immobilisation. Elle n'entraîne aucune sortie de cash des caisses de l'entreprise sur un exercice donné. Par exemple, si l'entreprise acquiert un immeuble pour 10 M€ et que celui-ci est amorti linéairement (ex. : la même somme chaque année) sur 40 ans, on verra une dépense d'amortissement annuel de 250 000 € pendant 40 ans.

Au bilan, l'actif est déprécié à hauteur du montant de l'amortissement chaque année. Ainsi, au bout d'un an, l'immeuble sera porté à 9,75 M€ au bilan, à 9,5 M€ au bout de deux ans, et à 0 au bout de 40 ans. Dès lors, si elle ne correspond à aucune sortie de cash sur l'exercice, la dépense d'amortissement correspond en réalité à de l'argent qui est réellement sorti de la caisse dans le passé.

Ce montant dépensé au compte de résultat peut parfaitement surestimer ou sous-estimer la dépense réelle nécessaire au maintien en condition opérationnelle de l'actif. De même, le montant de la valeur comptable résiduelle (après amortissement) de l'actif portée au bilan au cours du temps peut parfaitement surestimer ou sous-estimer la valeur intrinsèque de l'actif (par exemple, un immeuble de qualité vaut sans doute plus de 0 s'il a été acquis il y a 40 ans).

À noter

Ce n'est pas parce que l'amortissement n'est pas une dépense cash qu'il doit être systématiquement enlevé du résultat des opérations comme cela est si couramment fait pour le calcul de « l'EBITDA » ou « excédent brut d'exploitation » en français, très à la mode de nos jours. Il y a bien du cash à sortir de temps à autres pour maintenir ses moyens de production en état de fonctionner. Le montant à décaisser peut être supérieur ou inférieur à l'amortissement.

Un exemple : imaginons qu'une entreprise achète une voiture 20 000 € et qu'elle compte la garder dix ans. Elle ne peut pas passer une charge de 20 000 € dans le compte de résultat. Il faudrait théoriquement étaler cette charge en dix montants de 2 000 €. Et, chaque année, apparaîtrait dans le compte de résultat une ligne « amortissement » d'un montant de 2 000 €. Mais, dans les pratiques comptables, une voiture s'amortit plutôt sur cinq ans et ce sont donc 4 000 € par an qui seront déduits au compte de résultat. Dans un tel cas de figure, l'amortissement surestimerait la dépense réelle nécessaire pour le maintien en condition opérationnelle de la voiture.

On peut aussi amortir des brevets. Voici comment l'entreprise Somero s'y prend : dans son cas, le montant brut (non amorti) des brevets s'élève à 18,538 M$. Cela correspond à la totalité des investissements réalisés dans le passé pour développer et protéger ces brevets, sans amortissements. Les investissements consentis pour développer ces brevets s'étalent sur douze ans et 16 M$ ont déjà été amortis. Le solde (18,538 – 16,092) s'élève à 2,446 M$. C'est ce montant qui est affiché dans le bilan. Compte tenu des amortissements planifiés en 2016 et 2017, les brevets auront une valeur comptable portée au bilan nulle à la fin de l'année 2017 (la valeur intrinsèque des brevets peut parfaitement différer de ce montant).

Les dépréciations d'actifs

Le procédé de dépréciation est similaire à celui de l'amortissement en ce sens qu'il n'y a pas de sortie de cash des caisses de l'entreprise. Il diffère de l'amortissement parce qu'il acte une perte de valeur (théoriquement définitive et irréversible) d'un actif, ce qui n'est pas plaisant s'il s'agit d'une réalité. Cela peut signifier que l'entreprise a fait des erreurs dans le passé comme surpayer une acquisition, la construction d'une usine ou l'achat d'un bien immobilier.

Parfois, c'est la conjoncture qui en est (peut-être temporairement) responsable. Cela pourrait par exemple être le cas chez Atwood Oceanics. L'entreprise loue des plateformes pétrolières et le contexte des années 2015-2016 est tout sauf porteur pour son activité. Bien que les plateformes d'Atwood soient relativement récentes et en bon état, elles ne vaudraient plus rien si personne ne s'en servait à l'avenir.

En attendant, une chose est certaine : elles rapporteront moins que prévu dans un futur proche. Ainsi, pour prendre acte de cette situation, l'entreprise a enregistré des dépréciations significatives sur ses actifs en 2015 et 2016.

Consolidated statement of operations (USD$)	12 months ended		
	Sep. 30, 2016	Sep. 30, 2015	Sep. 30, 2014
Revenus			
Contract drilling	976,348	1,342,052	1,103,397
Revenues related to reimursable expenses	44,296	53,799	70,556
Total revenues	1,020,644	1,395,851	1,173,953
Costs and expenses			
Contract drilling	378,535	520,421	506,128
Reimbursable expenses	28,291	38,744	56,225
Depreciation	165,669	171,947	147,358
General and administrative	50,550	57,229	61,461
Asset impairment	103,539	60,777	0
(Gain)/loss on sale of assets	77	15,303	(34,139)
Other net	(299)	0	(1,864)
Total costs and expenses	726,362	864,421	735,169
Operating income	**294,282**	**531,430**	**438,784**

Attention, il y a une subtilité en anglais. En comptabilité américaine, la « dépréciation » française se traduit par « *asset impairment* » (on trouvera également le terme de « *write-off* »), alors que les amortissements sont traduits par « *depreciation* ». En français, on pourra également trouver le terme de « perte de valeur ». Pas facile d'anticiper toutes les situations, mais une fois qu'on en est conscient, le bon sens aide à s'y retrouver !

À noter qu'en comptabilité américaine, la valeur d'un actif déprécié n'est plus jamais revue à la hausse. Ainsi, si le cours du baril de pétrole remontait demain à 100 $, les compagnies productrices auront peut-être plus d'appétit à forer avec les plateformes d'Atwood, qui reprendraient alors possiblement davantage de valeur... mais cela ne se verra jamais au bilan (seulement dans les résultats et le *cash-flow*) !

En normes comptables IFRS, la réévaluation des actifs à la hausse est en revanche possible dans certains cas. Les évolutions des postes du bilan au cours du temps peuvent ainsi résulter :

- de l'augmentation et de la diminution de la valeur des actifs ;
- des amortissements et des dépréciations de la période considérée.

Le moyen le plus simple de s'y retrouver est d'ouvrir le tableau des flux de trésorerie

Que voit-on chez Gévelot (p. 19) ?

Flux de trésorerie consolidés

(En milliers d'euros)	31/12/2015	31/12/2014
OPÉRATIONS D'ACTIVITÉ		
Résultat net de l'ensemble consolidé	**(3 590)**	**66 931**
Résultat net des activités destinées à être cédées ou en cours de cessions	–	**(4 897)**
Résultat net des activités poursuivies	**(3 590)**	**71 828**
Élimination des charges et produits sans incidence sur la trésorerie ou non liés à l'activité		
• Amortissements et provisions	12 457	8 092
• Actualisation des actifs et passifs financiers	48	21
• Variation des impôts différés	1 684	(462)
• Plus ou moins-values de cession, nettes d'impôt	427	(61 947)
Marge brute d'autofinancement des sociétés intégrées	**11 026**	**17 532**

En 2015, le montant des dépréciations et amortissements (D&A dans le jargon) s'est élevé à 12,457 M€ contre 8,092 M€ en 2014.

Si on lit le rapport annuel, on apprend que Gévelot a enregistré une dépréciation de 4,1 M€ sur un actif non courant (Amik est le nom d'une filiale de Gévelot) :

Après constatation d'une perte de valeur sur actif non courant (Amik) de 4,1 M€, le résultat opérationnel consolidé 2015 est bénéficiaire de 3,2 M€ contre 73 M€ en 2014 qui incluait la plus-value de la cession de la participation canadienne Kudu Industries Inc.

Ces 4,1 M€ sont noyés dans les 12,457 M€ de dépréciation totale.

Dans la partie « Opérations d'investissement » du même tableau des flux de trésorerie, on lit les informations suivantes.

Flux de trésorerie consolidés

(En milliers d'euros)	31/12/2015	31/12/2014
OPÉRATIONS D'INVESTISSEMENT		
• Acquisitions d'immobilisations incorporelles et corporelles	(12 679)	(18 954)
• Augmentations des actifs financiers	(20 137)	(3 273)
Total	**(32 816)**	**(22 227)**
• Cessions d'immobilisations incorporelles et corporelles nettes d'impôt	307	232
• Diminutions des actifs financiers	145	41
Total	**452**	**273**

Gévelot a acquis :

- 32,816 M€ d'immobilisations, répartis entre 12,679 M€ de corporelles et d'incorporelles (regarder la note n° 4 comme indiqué pour voir le détail) ;
- 20,137 M€ d'actifs financiers.

Gévelot a cédé :

- 307 000 € d'immobilisations corporelles et d'incorporelles nettes d'impôt ;
- 145 000 € d'actifs financiers.

Au total, Gévelot a investi 32,816 M€ dans des immobilisations et en a cédé pour un montant de 452 000 €.

Les amortissements et les dépréciations sont des mécanismes comptables qu'il peut être intéressant de comprendre. Ils n'entraînent aucune sortie de cash. Ils sont toutefois supposés refléter une perte de valeur dans le temps, parfois bien réelle et irréversible.

Les amortissements concernent uniquement les actifs non courants, tandis qu'une dépréciation peut concerner n'importe quel actif (stock obsolète ou créance client non recouvrable par exemple).

3. La valeur comptable

Vous le savez, les actionnaires sont copropriétaires d'une entreprise. Comptablement, ce qui leur appartient est désigné par l'avoir des actionnaires ou la valeur comptable. Ce montant est obtenu en retranchant l'ensemble des dettes comptables de l'entreprise à l'ensemble de ses actifs comptables.

Dans le cas où la valeur comptable reflète plus ou moins fidèlement la véritable valeur des actifs ou des dettes, cette valeur représente la juste valeur de votre participation.

Dans tous les cas, il est intéressant de suivre l'évolution de la valeur comptable de votre participation dans le temps. Cette valeur est directement inscrite dans le bilan – les capitaux propres – mais il convient de prendre quelques précautions quant à son interprétation.

Ce que les capitaux propres sont réellement

Ce que les capitaux propres reflètent toujours, ce n'est ni plus ni moins que l'argent injecté par les actionnaires au cours de la vie de l'entreprise et son évolution au cours du temps. Ladite évolution reflète les augmentations de capital, les profits et pertes de l'entreprise, et les éventuelles réductions de capital et retours aux actionnaires.

N'oubliez pas que lorsqu'une entreprise se créée, elle démarre avec un capital social, par exemple 10 000 €. Son bilan au démarrage a l'allure suivante :

(Actif) Cash : 10 K€
Dettes : 0
Capitaux propres : 10 K€

Avec ces 10 K€, l'entreprise va pouvoir travailler et c'est avec cette somme que seront acquis les premiers actifs du bilan. Ensuite, elle pourra chercher des financements auprès des banques, mais ses capitaux propres restent les mêmes (c'est toujours l'argent injecté par les actionnaires).

Ainsi, si l'entreprise obtient un prêt de 10 K€ au moment de sa création ou juste après, le bilan aura l'allure suivante :

(Actif) Cash : 20 K€
Dettes : 10 K€
Capitaux propres : 10 K€

Puis, si l'entreprise perd 1 K€ au cours de son premier exercice *via* ses opérations et le coût de sa dette, on aura le bilan suivant (on ne segmente pas les actifs de l'entreprise par souci de simplification et on suppose que la dette se rembourse *in fine* dans cinq ans, sans remboursements intermédiaires) :

Actif : 19 K€
Dettes : 10 K€
Capitaux propres : 9 K€

Si la seconde année l'entreprise gagne 2 K€ (après paiement de ses intérêts et taxes), on aura (avec les mêmes simplifications que précédemment) :

Actif : 21 K€
Dettes : 10K€
Capitaux propres : 11 K€

Et si l'entreprise décide de reverser 1 K€ de dividende à ses actionnaires, à ce moment-là le bilan devient :

Actif : 20 K€
Dettes : 10 K€
Capitaux propres : 10 K€

Mais si l'entreprise décide de rembourser sa dette dont elle n'a finalement pas besoin ? Normalement, la banque prend une pénalité de remboursement anticipé : on la supposera ici de 1 K€. Le bilan devient alors (la dette de 10 K€ disparaît et la pénalité de 1 K€ est déduite des actifs de l'entreprise) :

Actif : 9 K€
Dettes : 0
Capitaux propres : 9 K€

On notera qu'à tout moment les capitaux propres reflètent bien l'argent injecté par les actionnaires et son évolution au cours du temps. Rien d'autre. La variation des actifs et des passifs s'ajuste en conséquence de cette évolution.

Il est important de toujours garder ce lien à l'esprit pour bien comprendre la création de valeur pour les actionnaires (même si des éléments hors bilan peuvent également intervenir).

La valeur comptable et la valeur comptable par action (*book value* et *book value per share*)

Si l'on regarde l'évolution des capitaux propres de Tesla, nous pouvons constater une très forte croissance (dont les actionnaires pourraient *a priori* se réjouir).

Millions $	2012	2013	2014	2015	2016
Capitaux propres	125	667	912	1083	2680

Sauf que sur la même période, le nombre d'actions en circulation est passé de 114 à 150 millions.

C'est pourquoi, quand on regarde l'évolution de cette grandeur, il faut soit s'assurer que le nombre d'actions en circulation ne bouge pas significativement, soit calculer la valeur comptable par action (en divisant les capitaux propres par le nombre d'actions à un instant *t*). Pour Tesla, on obtient les chiffres suivants.

	2012	2013	2014	2015	Au 30/09/2016
Capitaux propres (millions $)	125	667	912	1083	2680
Nombre d'actions (millions)	114,2	123,1	125,7	131,4	149,8
Capitaux propres par action ($)	1,1	5,4	7,3	8,2	17,9

La croissance des capitaux propres par action de Tesla reste spectaculaire, mais moins importante que celle de ses capitaux propres (16 fois contre 21 fois).

À noter

En réalité, Tesla est une (très grosse) start-up. Elle ne génère pas suffisamment de cash pour autofinancer ses opérations et lève régulièrement de l'argent frais par émission d'actions. Lorsque de nouveaux actionnaires arrivent au capital, ils ont également droit à une part de la propriété de l'entreprise et la taille de la vôtre diminue en conséquence, à moins que vous remettiez vous aussi au pot.

À l'inverse, voici l'évolution des capitaux propres d'AIG depuis 2014.

Milliards $	2014	2015	Au 30/09/2016
Capitaux propres	107	90	89

On dirait à première vue que la situation n'est pas au beau fixe et pourtant…

	2014	2015	Au 30/09/2016
Capitaux propres (milliards $)	107	90	89
Nombre d'actions (milliards)	1,38	1,2	1
Capitaux propres par action ($)	78	75,3	85,5

Sur la période considérée :

- les capitaux propres ont diminué de 17 % ;
- mais comme le nombre d'actions a diminué de 24 % (réduction de capital) ;
- et la valeur comptable par action a progressé de 10 %.

Sans trop entrer dans les détails, retenez que lorsqu'une entreprise rachète ses actions, elle rend du capital à ses actionnaires. De fait, le montant des capitaux propres diminue… Mais comme il y a moins d'actions en circulation, votre part du gâteau ne s'évapore pas pour autant.

La valeur comptable tangible

Bien souvent, il est extrêmement difficile de se faire une idée précise de la valeur des immobilisations incorporelles, notamment car un grand nombre d'entreprises a tendance à payer cher pour ses acquisitions (on retrouve alors du « *goodwill* », ou prime d'acquisition, dans le bilan). Parfois, elles peuvent aussi mettre tout et n'importe quoi dans ce poste du bilan, par exemple des dépenses de R&D. Il est donc souvent difficile d'en estimer une quelconque valeur. Par conservatisme, on pourra s'intéresser à la valeur comptable tangible (*tangible book value*).

Valeur comptable tangible = Valeur comptable – Écarts d'acquisition (*goodwill*) – Immobilisations incorporelles (*intangible assets*).

Et n'oubliez surtout pas de diviser ce chiffre par le nombre d'actions (ou de vous assurer que le nombre d'actions est stable) !

Ouvrons maintenant le dernier rapport annuel d'Apple p. 41.

Shareholders' equity	
Common stock and additionnal paid-in capital, $0.00001 par value: 12,600,000 shares authorized; 5,336,166 and 5,578,753 shares issued and outstanding, respectively	31,251
Retained earnings	96,364
Accumulated other comprehensive income/(loss)	634
Total shareholders' equity	**128,249**
Total liabilities and shareholders' equity	**$321,686**

Au 24 septembre 2016, les capitaux propres d'Apple s'élèvent à 128 249 Mds $ et il y a 5,336 milliards d'actions en circulation. La valeur comptable est donc de 24 $ par action.

Regardons maintenant les actifs.

Current assets ***(in $)***	**Sept. 24, 2016**
• Cash and cash equivalents	20,484
• Short-term marketable securities	46,671
• Accounts receivable, less allowances of $53 and $63, respectively	15,754
• Inventories	2,132
• Vendor non-trade receivables	12,545
• Other current assets	8,283
Total current assets	**106,869**
Long-term marketable securities	170,430
Property, plant and equipment, net	27,010
Goodwill (1)	5,414
Acquired intangible assets, net (2)	3,206
Other non-current assets	8,757
Total assets	**321,686**

On relève :

- 5,4 Mds $ de *goodwill* (des primes payées par Apple lors de précédentes acquisitions) ;
- 3,2 Mds $ d'actifs intangibles. On pourra aller voir le détail dans les notes éventuellement, mais ce n'est pas le sujet ici.

La valeur comptable tangible par action d'Apple au 24 septembre 2016 s'établit à :

(Capitaux propres – *Goodwill* – Immobilisations incorporelles)/ Nombre d'actions = (128,25 – 5,4 – 3,2) / 5,336 = 22,4 $

La valeur comptable tangible est donc de 22,4 $ par action.

Elle diffère assez peu de la valeur comptable, la plus grande partie des actifs d'Apple étant représentée par du cash et des investissements financiers.

L'évolution dans le temps

Maintenant que vous savez faire tous les calculs de base, nous pouvons nous intéresser à l'évolution de la valeur comptable dans le temps. Car c'est seulement sur une période suffisamment longue qu'on pourra se rendre compte de l'éventuelle création de richesse pour les actionnaires.

Voici les données d'Apple depuis 2009.

milliards $	2009	2010	2011	2012	2013	2014	2015	2016	Croissance annualisée
Goodwill	0,2	0,7	0,9	1,1	1,6	4,6	5,1	5,4	59,3 %
Immobilisations incorporelles	0,3	0,3	3,5	4,2	4,1	4,1	3,9	3,2	48,1 %
Capitaux propres	31,6	47,8	76,6	118,2	123,5	111,0	119,0	128,3	22,1 %
Capitaux propres tangibles	31,2	46,8	72,2	112,9	117,8	102,3	110,0	119,7	21,1 %
Nombre d'actions au 31/12	6,3	6,4	6,5	6,6	6,3	5,9	5,6	5,3	– 2,3 %
Capitaux propres par action	5,0	7,5	11,8	18,0	19,6	18,9	21,3	24	25,1 %
Croissance N/N-1		48 %	58 %	53 %	9 %	– 4 %	13 %	13 %	
Capitaux propres tangibles par action	5,0	7,3	11,1	17,2	18,7	17,4	19,7	22,4	24 %
Croissance N/N-1		47 %	52 %	55 %	9 %	– 7 %	13 %	13 %	

La valeur des capitaux propres par action a cru de 25,1 % par an – une belle performance, surtout pour une entreprise de cette taille. De plus, les actifs d'Apple sont majoritairement composés de cash : on peut difficilement avoir un actif plus tangible ! Mais attention, la création de valeur est en réalité supérieure à 30 % par an. Comment l'expliquer ?

L'évolution de la valeur comptable dans le temps ne prend pas en compte l'argent qui est sorti de l'entreprise, c'est-à-dire les dividendes. Ainsi, si vous voulez vraiment savoir quelle a été la création de valeur dans le temps, il faudra les réintégrer dans vos calculs.

milliards $	2009	2010	2011	2012	2013	2014	2015	2016	Croissance annualisée
Capitaux propres par action (a)	5,0	7,5	11,8	18,0	19,6	18,9	21,3	24,0	25,1 %
Croissance N/N-1		48 %	58 %	53 %	9 %	– 4 %	13 %	13 %	

▶

milliards $	2009	2010	2011	2012	2013	2014	2015	2016	Croissance annualisée
Capitaux propres tangibles par action	5,0	7,3	11,1	17,2	18,7	17,4	19,7	22,4	24 %
Croissance N/N-1		47 %	52 %	55 %	9 %	– 7 %	13 %	13 %	
Dividende par action (b)					1,57	1,78	1,93	2,13	
Capitaux propres (a) + somme dividendes (b)*	5,0	7,5	11,8	18,0	21,2	22,3	26,6	31,5	30 %
Croissance N/N-1		48 %	58 %	53 %	18 %	5,2 %	19,3 %	18,4 %	

* Somme (b) désigne la somme des dividendes versés par l'entreprise jusqu'à l'année en cours (incluse) : il convient en effet de réintégrer **tous** les dividendes perçus par l'actionnaire au cours du temps dans le rendement de l'année en cours.

Après réintégration des dividendes (Apple n'a commencé à en verser qu'en 2013), on s'aperçoit que la valeur comptable d'Apple a en réalité progressé d'un peu plus de 30 % par an depuis 2009.

Dans cet exemple, c'est déjà significatif, mais Apple distribue un faible dividende à ses actionnaires. Dans d'autres cas, il sera d'autant plus important de réaliser cet exercice.

À noter

Si une entreprise verse un important dividende exceptionnel, vous verrez la valeur des capitaux propres diminuer significativement quand bien même elle gagne de l'argent. Il faut donc surveiller ce point de près et ne pas se focaliser uniquement sur l'évolution de la valeur comptable.

La valeur comptable (tangible si on veut être plus conservateur) est un indicateur clé à calculer et à suivre quand on est actionnaire d'une entreprise. Le plus important est d'essayer de comprendre pourquoi et comment elle évolue.

Rapporter ce chiffre au nombre d'actions est indispensable afin d'annuler les conséquences d'une augmentation de capital (plus d'actions en circulation) ou de rachats d'actions (moins d'actions en circulation).

Enfin, n'oubliez pas de prendre en compte les éventuels dividendes par action !

4. Les stocks

Le stock, c'est ce qu'une entreprise vend ou ce qu'il lui faut pour fabriquer ce qu'elle va vendre.

Le stock est répertorié dans les actifs courants du bilan de l'entreprise : c'est en effet un actif car il est supposé lui rapporter de l'argent (si tant est qu'elle parvient à le vendre, bien entendu) et il est courant car, sur le principe, une entreprise ne compte pas vendre ce qu'elle fabrique dans dix ans mais dans un futur plus ou moins proche.

Imaginons que vous décidiez d'ouvrir une boulangerie (désolé si vous ne rêvez pas de ce business, mais ce sujet a le mérite d'être simple à comprendre). Tout est prêt, ou presque : vous avez trouvé le local commercial, acheté le matériel (fours, pétrins et frigos) et recruté votre vendeur ou votre vendeuse. Vous êtes fin prêt à cuire vos pains et viennoiseries mais, avant cela, il vous faudra nécessairement acheter la matière première : farine, sucre, beurre, œufs, chocolat, etc.

Tous ces produits que vous avez achetés ou transformés en marchandise, qu'ils soient encore sous forme de matières premières ou bien déjà transformés, mais que vous n'avez pas encore vendus, constituent le stock de votre boulangerie. Construire son stock nécessite donc de sortir du cash. Vous ne reverrez pas le montant investi avant d'avoir vendu vos produits et reçu le règlement de vos clients.

Et, bien évidemment, plus ce stock est volumineux avec des produits coûteux (voitures, trains, avions, maisons, etc.), plus il faudra de cash pour le constituer et l'entreposer.

Quelques exemples

Sans surprise le plus gros poste du bilan d'Airbus est son stock (rapport annuel 2015, p. 190) de 29 051 M€.

Current assets ***(in € million)***	**2015**
Inventories	29,051
Trade receivables	7,877
Current portion of other long-term financial assets	178
Current other financial assets	1,402
Current other assets	2,819
Current tax assets	860

▶

Current assets *(in € million)*	2015
Current securities	1,788
Cash and equivalents	7,489
Assets and disposal group of assets classified as hold for sale	1,779
Total assets	**106,681**

Total (rapport annuel 2015, p. 197) disposait de 13 116 M$ de stocks au 31 décembre 2015.

Actifs courants *(en millions €)*	2015
Stocks	13 116
Clients et comptes rattachés	10 629
Autres créances	15 843
Actifs financiers courants	6 190
Trésorerie et équivalents de trésorerie	23 269
Actifs destinés à être cédés ou échangés	1 189
Total actifs courants	**70 236**
Total actif	**224 484**

À la note n° 15 (p. 232), nous pouvons découvrir la nature de ces stocks.

Au 31 décembre 2015 *(en millions €)*	Valeur brute	Dépréciations	Valeur nette
Hydrocarbures bruts et gazeux	1 788	(59)	1 729
Produits raffinés	4 177	(130)	4 047
Produits de la chimie	989	(72)	917
Stocks de trading	3 168	–	3 168
Autres stocks	4 062	(807)	3 255
Total	**14 184**	**(1 068)**	**13 116**

Tout le monde n'a pas besoin de stocks !

Certains business, par leur nature, ne nécessitent aucun stock : c'est donc du cash en moins à sortir. Une bonne nouvelle pour les entrepreneurs ? Oui, car le coût de démarrage pourrait être moindre… mais pas toujours : un besoin de stocks important peut dissuader la concurrence de se lancer dans l'activité en question.

Parfois, c'est l'évolution technologique qui réduit l'intensité capitalistique d'un business. Internet, par exemple, a réduit l'intensité capitalistique des business logiciels : il n'y a plus besoin de supports de distribution physique. Ainsi, aujourd'hui, les entreprises du secteur n'ont plus de stocks. De manière générale, les entreprises de produits dématérialisés, de services et de conseils n'ont pas besoin de stocks pour gagner de l'argent.

Par exemple, le bilan de Linedata Services (p. 53 du rapport annuel) l'illustre.

ACTIF *(en milliers €)*	Notes	31/12/2014
Écarts d'acquisition	*6.1*	122 858
Immobilisations incorporelles	*6.2*	27 091
Immobilisations corporelles	*6.3*	9 260
Actifs financiers non courants	*8.1.5*	1 104
Autres actifs non courants	*4.4*	349
Impôts différés actifs	*9.2*	5 450
Actif non courant		**166 112**
Créances d'exploitation et autres débiteurs	*4.2*	42 135
Créances d'impôts		5 915
Trésorerie et équivalents de trésorerie	*8.1.3*	15 392
Actif courant		**63 442**
TOTAL DE L'ACTIF		**229 554**

Stocks ?

De même que celui de Moody's, la célèbre agence de notation financière (dont le métier consiste à émettre des avis sur la solidité financière des entreprises).

ASSETS *(in millions $)*	Sept. 30, 2016
Current assets	
Cash and cash equivalents	1,746
Short-item investments	311.8
Accounts receivable, net of allowances of $26.4 in 2016 and $27.5 in 2015	831.4
Deferred tax assets, net	–
Other current assets	127.6
Total current assets	**3,016.9**
Property and equipment, net of accumulated depreciation of $581.7 in 2016 and $518.9 in 2015	329.6

Stocks ?

ASSETS *(in millions $)*	**Sept. 30, 2016**
Goodwill	1,040.8
Intangible assets, net	307.8
Deferred tax assets, net	169.6
Other assets	154.6
TOTAL ASSETS	**5,019.3**

Comment vendre son stock ?

Une entreprise qui doit stocker ses produits a tout intérêt à les vendre le plus vite possible. Plus elle les vend vite, plus elle récupère rapidement son investissement dans le stock (et fait normalement un retour dessus). On dit alors qu'elle écoule ou « fait tourner » son stock.

À noter

Faire tourner son stock rapidement fait surtout rentrer du chiffre d'affaires. Pour que le cash rentre effectivement dans les caisses de l'entreprise, il faudra que la facture ait été réglée par le client, ce qui peut prendre plusieurs semaines ou plusieurs mois. Un stock qui s'écoule, c'est aussi un stock qu'il faut renouveler, ce qui nécessitera un réinvestissement du cash généré par l'entreprise.

Aussi, un paramètre qui va naturellement nous intéresser en tant qu'investisseurs, est la capacité de l'entreprise à écouler son stock. Ce paramètre peut être mesuré par la vitesse de rotation des stocks.

Au-delà de la capacité à écouler, il est intéressant de suivre ce paramètre dans le temps. Son évolution peut donner des indications sur la dynamique commerciale de l'entreprise (un ralentissement important peut signifier par exemple un stock obsolète ou qui n'est simplement plus au goût des clients). Comment calcule-t-on la vitesse de rotation des stocks ?

On l'obtient en divisant :

- la valeur des stocks inscrite au bilan, soit 29 051 M€ si on reprend l'exemple d'Airbus ;
- par le coût des ventes (donnée que l'on retrouve dans le compte de résultat d'Airbus, p. 188), soit 55 599 M€.

(in million €)	Note	2015
Revenues	*10*	**64,450**
Cost of sales	*10*	(55,599)
Gross margin	*10*	**8,851**
Selling expenses		(1,065)
Administrative expenses		(1,586)
Research and development expenses	*11*	(3,460)
Other income	*13*	474
Other expenses	*13*	(222)
Share of profit from investments accounted for under the equity method	*12*	1,016
Other income from investments	*12*	54
Profit before finance costs and income taxes		**4,062**
• Interest income		183
• Interest expense		(551)
• Other financial result		(319)
Total finance cost	*14*	(687)
Income taxes	*15*	(677)
Profit for the period		**2,698**

À noter

Si vous ne retrouvez pas la ligne « coût des ventes » (cost of sales) *– elle n'est parfois pas présentée comme cela dans les rapports en français –, vous pouvez à défaut utiliser le chiffre d'affaires. Ce qui est vraiment important n'est pas tellement d'avoir le vrai ratio, mais d'utiliser le même indicateur dans tous vos calculs afin que vos comparaisons aient du sens.*

On peut multiplier le résultat obtenu par 365, ce qui donnera un résultat en jours, plus illustratif pour certains. Cela revient à calculer en combien de jours la marchandise s'est écoulée. Pour Airbus : (29 051/55 599) × 365 = 190 jours.

Cette donnée brute n'a pas vraiment de valeur en soi. Il est évident qu'elle variera beaucoup d'un secteur à l'autre comme l'illustrent les chiffres suivants.

Milliards $	Apple	Abbey PLC (promoteur immobilier)	Coats (fil à coudre)	Etam	General Motors
Stocks	2,4	0,17	0,2	0,28	13,7
Coûts des ventes	140	0,12	0,9	0,54	128
Rotation des stocks (jours)	6	526	80	189	39

Tout cela semble logique à première vue : les produits d'Apple sont vendus en moyenne tous les 6 jours, alors qu'une maison construite par Abbey reste dans ses stocks pratiquement un an et demi.

Pour être complet, on peut regarder quelles sont les références du secteur pour savoir comment se situe l'entreprise. Dans le secteur de la distribution vestimentaire, par exemple, on ne peut que constater la relative faiblesse d'Etam sur ce point.

Milliards $	Inditex (Zara)	H&M	Gap	Abercombrie & Fitch	Etam
Stocks	1,86	0,25	1,90	0,44	0,28
Coûts des ventes	7,60	0,78	10	1,36	0,54
Rotation des stocks (jours)	89	116	69	117	189

Attention : il est important de regarder ces chiffres sur plusieurs années. Si les chiffres baissent régulièrement, cela signifie que l'entreprise fait des efforts pour améliorer sa génération de cash (moins de stocks = moins de cash à mobiliser = plus de cash disponible pour d'autres choses).

Pour La Doria, par exemple, sur la période 2009-2014, la rotation des stocks suit l'évolution suivante.

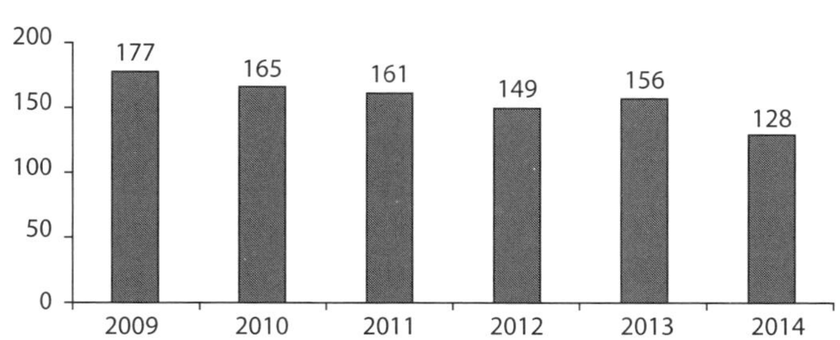

Si la tendance est durable et peut être maintenue dans le temps, c'est du bon travail.

À l'inverse, le fabricant d'engins agricoles AGCO connaît actuellement plus de difficultés (mais comme les clients changent leurs tracteurs tous les 17 ans en moyenne, il est difficile pour autant de savoir si la tendance est durable ou non sur la base de ces données...).

Efficiency ratios	2006-12	2007-12	2008-12	2009-12	2010-12	2011-12	2012-12	2013-12	2014-12	2015-12
Days Sales Outstanding	44.75	38.58	34.27	42.59	43.40	39.58	35.15	31.56	35.74	44.01
Days Inventory	86.14	71.20	66.52	84.63	78.36	72.85	75.96	80.84	89.77	98.07
Days Period	52.55	49.66	48.87	54.88	42.95	42.24	42.49	40.18	38.86	40.04

Source : *morningstar.com*

Cela dit, on constate la même évolution chez le leader mondial John Deere (les fameux tracteurs verts dans nos campagnes). On peut donc supposer que ces entreprises écoulent moins rapidement leurs stocks à cause de la conjoncture et pas forcément parce qu'elles sont mal gérées.

Le stock, c'est ce qu'une entreprise vend ou ce qu'il lui faut pour fabriquer ce qu'elle va vendre (idéalement avec un profit). Une entreprise dont le *business model* ne nécessite pas de stock a besoin de moins de cash pour fonctionner.

Étudier la vitesse de rotation des stocks permet de mieux appréhender la santé commerciale d'une entreprise. Pour avoir une bonne vision d'ensemble, il faudra réaliser le même travail avec les créances clients (les factures que les clients n'ont pas encore réglées) et les dettes fournisseurs (les factures que l'entreprise n'a pas encore réglées).

Application

Suivons et commentons l'évolution de la rotation des stocks d'Archos sur les cinq dernières années avant 2015. On relève les données suivantes dans les rapports annuels.

	2015	2014	2013	2012	2011
CA (chiffres en M€)	159	132	144	155	171
Coût des marchandises vendues	133	109	123	149	139

▶

	2015	2014	2013	2012	2011
Stock	34	28	30	32	34
Coût des marchandises vendues/Stocks	3,91	3,89	4,10	4,66	4,09
CA/Stocks	4,68	4,71	4,80	4,84	5,03

Que l'on prenne la vraie rotation des stocks (coût des marchandises vendues/stocks) ou CA/stocks, on voit que la vitesse d'écoulement des stocks d'Archos diminue au cours du temps.

Si le stock tournait plus de quatre fois par an avant 2014, il tourne légèrement moins depuis. Rien de particulièrement alarmant pour le moment, mais il peut être légitime de renforcer un peu sa vigilance pour un investisseur qui étudierait l'entreprise.

À noter qu'on ne pouvait pas deviner que l'écoulement des stocks ralentirait en observant uniquement l'évolution du chiffre d'affaires qui est plus important en 2015 qu'en 2012 et 2013, alors que l'écoulement des stocks était plus rapide en 2012 et 2013 qu'en 2015. Pour comparaison, le stock tourne plus de 58 fois par an chez Apple !

Compléments

Dans le cadre d'une démarche d'analyse, il conviendra de considérer la spécificité de chaque stock, notamment son obsolescence et sa liquidité.

Imaginons le stock d'un fabricant de t-shirts et comparons ces deux situations :

- le stock est quasi exclusivement constitué de coton, la matière première ;
- le stock est majoritairement constitué de t-shirts imprimés à l'occasion de la candidature de Paris aux Jeux olympiques de 2012 avec le slogan « Paris 2012 ».

Dans le premier cas, le stock est facile à utiliser et peut-être éventuellement revendu à une autre entreprise. Dans la seconde situation, la valeur du stock pourrait être plus proche de 0 si l'effet de mode de la candidature aux JO 2012 est passé.

Focus sur les promoteurs immobiliers

Le métier est identique à celui d'une épicerie : on doit constituer un stock et ensuite le vendre. Mais dans le premier cas le stock est constitué de canettes de Coca-Cola, de paquets de Kleenex et de pots de Nutella, alors qu'il est constitué de terrains, de maisons ou d'immeubles dans le second.

Bien qu'il s'agisse de biens immobiliers, ce sont les stocks de l'entreprise. On les retrouvera dans le bilan, répertoriés dans les actifs courants, quand bien même il peut s'écouler plusieurs mois ou années avant leur éventuelle vente.

On comprend rapidement que le stock d'un épicier sera plus rapidement écoulé que celui d'un promoteur immobilier. Quand le contexte est favorable, cela n'a pas grande importance. Mais si la situation économique se dégrade, il peut devenir plus difficile pour le promoteur immobilier d'écouler ses stocks, qui plus est si les biens sont de qualité moyenne et/ou dans des zones peu attractives.

La vitesse de rotation des stocks dépendra avant tout du rapport offre/demande : un stock de biens immobiliers situés aux États-Unis ne tournait pas à la même vitesse en 2006 et en 2009. Il est particulièrement important pour une entreprise dont le stock ne peut tourner rapidement d'être suffisamment bien capitalisée pour faire face à une mauvaise conjoncture.

5. Les créances

Une créance est une somme d'argent due à l'entreprise par ses clients. Des créances apparaissent ainsi lorsque le client ne paie pas tout de suite.

Revenons à l'exemple de la boulangerie. Après plusieurs heures de travail, les viennoiseries, pâtisseries et divers pains que vous avez préparés (votre stock) sont prêts à être vendus. Chez un commerçant, le client paie généralement comptant. Vous lui remettez le produit qu'il a acheté en contrepartie de son paiement. Le procédé est simple : impossible d'avoir des problèmes d'impayés, inutile de relancer les clients pour paiement des factures en retard.

Un restaurateur voisin de votre boulangerie se propose d'acheter du pain chez vous tous les jours en quantité importante. Vous vous mettez d'accord pour qu'il règle sa facture uniquement en fin de mois. Au moment de ses achats, une créance client à hauteur du montant de son achat va apparaître dans le bilan de votre boulangerie. Une fois que le restaurateur aura réglé sa note, la créance se transformera en cash. Si le restaurateur devient insolvable, les créances accumulées au bilan ne vaudront probablement plus grand-chose et vous aurez alors payé pour travailler.

Ainsi, un poste « créances » qui augmente semble *a priori* positif, mais uniquement si ces créances peuvent être recouvrées. Bien sûr, dans un monde idéal, une augmentation directe du poste cash serait préférable à une augmentation des créances. D'autant plus que vous avez peut-être besoin de cash pour racheter de la farine, du sucre, des œufs, etc. Sinon, il vous faudra trouver une autre source de cash. Selon les secteurs d'activité, les créances prendront plus ou moins de place dans le bilan et leur évolution suivra des logiques différentes.

Des créances inexistantes au bilan

Nous l'avons dit, les commerçants encaissent immédiatement le produit de leurs ventes. Il est donc logique de ne pas voir de créances clients en quantité importante dans leur bilan, comme c'est le cas ici pour GAP (p. 34 de son rapport annuel).

ASSETS *(in millions $)*	**Jan. 30, 2016**
Current assets	
Cash and cash equivalents	1,370
Merchandise inventory	1,873
Other current assets	742
Total current assets	**3,985**
Property and equipment, net	2,850
Other long-term assets	638
TOTAL ASSETS	**7,473**

À l'inverse, la plupart des entreprises ou des organismes publics ne règlent pas leurs factures immédiatement. Ce délai (encadré par la loi) permet de faire financer partiellement son activité par ses fournisseurs. Ces derniers délivrent une prestation (normalement) immédiatement utile au bon déroulement de l'activité de l'entreprise, mais sont payés plusieurs mois plus tard pour leurs services, ce qui permet de réduire le besoin de financement de l'activité.

Ainsi, dans le cadre de votre boulangerie, si vous achetez des marchandises chez des fournisseurs en volume important et que vous les payez trois mois après vos achats, alors que vous écoulez vos stocks très rapidement et avec un profit conséquent, le tout en étant payé immédiatement, vous pouvez intégralement financer votre activité (en partie au moins, voire en totalité si vous écoulez de très gros volumes journaliers) par vos fournisseurs.

Dans certains cas, les clients paient avant même d'avoir bénéficié du service, une aubaine pour les entreprises en question. C'est par exemple le cas quand on souscrit un abonnement à un magazine ou à un journal. Cet abonnement est le plus souvent annuel et l'entreprise encaisse assez souvent le revenu de votre abonnement en une seule fois, alors qu'elle délivrera le service sur les 12 prochains mois. Le cash est immédiatement encaissé, alors que le service est délivré plus tard.

À noter

Dans ce dernier cas de figure, pour justifier le cash perçu au bilan alors même que le service n'a pas encore été délivré (et la vente n'est donc pas enregistrée au compte de résultat), l'entreprise reconnaît au bilan un revenu différé (également appelé produit constaté d'avance) dans son passif. On peut par exemple voir ce poste au bilan de Gaia.

Comment encaisser ses créances ?

Des factures payées rapidement, c'est du cash qui rentre vite dans les caisses. L'entreprise a donc tout intérêt à surveiller ce point et à réduire autant que possible les délais de paiement.

Il peut donc être intéressant de suivre l'évolution des créances par rapport au chiffre d'affaires d'une année sur l'autre. Une augmentation des créances plus rapide que celle du chiffre d'affaires peut signifier une politique de crédit trop généreuse ou des clients qui tardent à payer. Dans le pire des cas, il arrive que ce soit à cause de fausses factures (par une telle fraude, on gonfle le chiffre d'affaires et le résultat net pour mieux vendre les actions de l'entreprise à de nouveaux investisseurs) !

Le délai moyen de paiement des créances clients s'obtient en divisant le poste « créances clients » du bilan par le chiffre d'affaires dans le compte de résultat.

En multipliant ce résultat par 365, on obtiendra une donnée en jours, plus explicite. Par exemple, voici les chiffres pour Gévelot (un industriel français).

Millions €	2010	2011	2012	2013	2014	2015
Chiffre d'affaires (a)	189,6	220,8	202,0	213,3	211,8	206,9
Créances (b)	34,2	50,3	42,5	43,6	45,3	48,4
Délai moyen de paiement (jours) (b)/(a) × 365	66	83	77	75	78	85

Le délai moyen de paiement est assez cyclique (comme l'activité de Gévelot). Peut-être est-ce lié au fait que lorsque la situation est tendue pour ses clients (comme en 2011 et 2015), Gévelot leur accorde des délais plus longs (cela ne peut se faire qu'avec un bilan solide) ?

Quand la situation s'aggrave...

Conduril est une entreprise de BTP qui travaille principalement en Afrique. Son principal client est le gouvernement angolais qui ne semble pas pressé de payer l'entreprise. Voici l'évolution des délais de paiement depuis 2012.

Millions €	2012	2013	2014	2015
Chiffre d'affaires (a)	230,4	208,5	208,8	196,2
Créances (b)	218,6	219,7	231,8	188,6
Dettes gouvernement Angolais (c)	1,4	1,4	83,3	101,8
Total créances (b) + (c)	220	221,1	315,1	290,4
Délai moyen de paiement [(b) + (c)] / (a) × 365	349	387	551	540

Le pays est possiblement en situation difficile à cause de la baisse du prix du pétrole, sa principale ressource, et ne parvient peut-être plus à payer les factures.

Une partie des créances a été transformée en bons du trésor angolais (des dettes émises par le pays). Un instrument financier est peut-être mieux que rien mais, dans la situation du pays, il n'est pas dit que ces engagements soient facilement honorés...

Pour l'exercice, nous avons considéré ces dettes comme des créances afin de pouvoir établir des comparaisons d'une année sur l'autre.

Comme le cash ne rentre pas, Conduril a dû s'endetter pour continuer à travailler. Si la situation perdure dans le temps, cela peut mettre en péril la société. Il faudra alors qu'elle s'endette encore plus ou procède à une augmentation de capital.

À noter

Il arrive que des sociétés apparemment en forte croissance fassent faillite.

Les ventes augmentent vite, mais la croissance a elle aussi un coût : il faut peut-être plus de stocks, ou accorder plus de délais de paiement à ses plus gros clients qui représentent une part importante du chiffre d'affaires... Dans ce dernier cas de figure, si les créances ne sont pas payées suffisamment vite, la société peut mourir par manque de cash (dès qu'elle n'arrive plus à lever du capital).

Une créance, c'est du cash qu'un tiers (un client) doit à l'entreprise en contrepartie d'un service ou un produit fourni par l'entreprise. C'est le plus souvent une facture pour un service délivré par l'entreprise mais pas encore payé par le client.

Une entreprise dont l'activité ne nécessite que peu ou pas de créances doit mobiliser moins de cash pour fonctionner. **Étudier les délais de paiement des créances permet de mieux comprendre la relation qu'une entreprise entretient avec ses clients** : si les clients paient rapidement de manière pérenne, il est possible que l'entreprise ait un certain pouvoir de négociation avec eux.

Compléments

Pour compléter l'analyse, on pourra vérifier qui sont les principaux clients de l'entreprise. La situation sera différente s'il s'agit de grandes sociétés du CAC40 (il y a quand même de très fortes probabilités que les créances soient réglées) ou de petites entreprises insolvables. Cette information n'est pas systématiquement présente dans les rapports, il conviendra donc de chercher au cas par cas si la question de l'encaissement des créances est vitale dans le cadre de l'analyse. À défaut, la répartition en pourcentage entre les clients, notamment les plus importants, est précisée. De plus, une entreprise qui a 1 000 clients porte généralement moins de risque au niveau de son activité (pas seulement de ses créances) que si elle en a un ou deux (auquel cas, l'activité n'est pérenne que si ces clients sont véritablement captifs des produits et services de l'entreprise).

Afin de soulager leur trésorerie en encaissant rapidement les créances, certaines entreprises ont recours à l'affacturage. C'est un procédé qui leur permet de revendre leurs créances à une autre entreprise spécialisée. Cela a un coût bien entendu, mais la gestion de la trésorerie est alors facilitée.

Des entreprises (Euler-Hermes et La Coface, par exemple) proposent d'assurer les entreprises contre les risques d'impayés (créances non payées) et analysent la qualité de crédit des clients. Les créances seront encaissées si les clients sont de bons payeurs. Si ce n'est pas le cas, l'entreprise dépréciera parfois une partie des créances : le chiffre donné au bilan est alors la valeur nette ou une provision pour dépréciation est inscrite au passif. Cette opération traduit le risque d'impayés. Il convient de bien lire les notes annexes si ces éléments sont détaillés pour connaître l'ampleur des dépréciations (est-ce un excès de prudence ou, au contraire, insuffisant ?). On pourra également comparer avec un concurrent pour juger la qualité de crédit des clients de l'entreprise.

6. Les dettes fournisseurs

Les dettes fournisseurs sont l'inverse des créances clients : ce sont les factures que l'entreprise doit régler à ses fournisseurs. Il s'agit d'un passif : comme les fournisseurs sont rémunérés après avoir vendu leur produit ou leur service, ils assurent (dans une certaine mesure) le financement de l'activité de l'entreprise.

Reprenons l'exemple de la boulangerie. Pour confectionner les différents pains et pâtisseries (le stock), vous aurez besoin d'ingrédients variés qu'il faudra donc acheter. Les entreprises auxquelles vous vous adressez sont vos fournisseurs.

Dans la sphère professionnelle, il est d'usage de régler ses fournisseurs (= payer leurs factures) avec un certain délai de paiement (généralement plusieurs semaines). Si vous tardez à payer vos fournisseurs, c'est du cash que vous avez en moins à sortir à très court terme. Vous devrez bien le sortir à un moment donné, mais pas tout de suite. Les délais de paiement sont encadrés par la loi, mais ils ne sont pas toujours respectés et des sursis sont souvent accordés.

La présentation dans le bilan

Les dettes fournisseurs devant être réglées au plus tard dans un délai de quelques mois, elles apparaissent naturellement dans la partie « passif courant » du bilan (exemple de Cofidur, p. 2).

Provisions pour risques et charges	*6.9*	3 457
Emprunt obligataire convertible	*6.10*	300
Emprunts bancaires, crédits baux et trésorerie passive	*6.11*	6 301
Fournisseurs et comptes rattachés		12 964
Autres dettes et comptes de régularisation	*6.12*	7 952
Provisions et dettes		**31 064**

En comptabilité américaine, il s'agit des « *accounts payable* ». Ici dans le bilan de GAP (p. 34 du rapport annuel).

Current maturities of debt	421
Accounts payable	1,112
Accrued expenses and other current liabilities	979
Income taxes payable	23
Total current liabilities	**2,535**

Parfois, il faudra creuser dans les notes, les dettes fournisseurs étant noyées dans un amas de « dettes opérationnelles » ou « dettes d'exploitation courantes », comme c'est le cas ici chez Linedata (rapport financier 2015, p. 53).

Provisions courantes	*7.1*	1 814	997
Emprunts et dettes financières courantes	*8.1.2*	14 933	4 063
Dettes d'exploitation courantes	*4.3*	46 748	43 985
Impôts exigibles passifs		5 635	5 787

La note n° 4.3, p. 64, nous permettra d'y voir plus clair.

Dettes d'exploitation courantes

(en milliers d'euros)	**31/12/2014**	**31/12/2015**
Dettes fournisseurs	8 640	8 620
Dettes fiscales et sociales	15 52	15 880
Participation et intéressement des salariés	1 130	902
Autres dettes	1 481	716
Produits constatés d'avance	20 243	17 867
DETTES D'EXPLOITATION COURANTES	**46 748**	**43 985**

Les dettes fournisseurs de Linedata s'élèvent donc à 8,62 M€ au 31 décembre 2015.

Le délai de paiement

Plus que le montant brut, ce qui est intéressant est d'observer l'évolution des dettes fournisseurs dans le temps, comme pour les stocks et les créances.

Le délai moyen de paiement des fournisseurs s'obtient en divisant :

- les dettes fournisseurs telles qu'elles apparaissent dans le bilan ;
- par le coût des ventes (donnée que l'on retrouve dans le compte de résultat).

Une diminution du délai de paiement d'une année sur l'autre peut signifier que les fournisseurs n'ont qu'une confiance modérée dans la qualité de crédit de l'entreprise et exigent d'être payés plus rapidement, comme elle peut aussi signifier que l'entreprise paie ses fournisseurs plus vite mais négocie des rabais, nous y reviendrons.

Un exemple de deux politiques différentes dans un même secteur : celui de la distribution. On ne peut pas dire que les chiffres de deux des plus grands distributeurs mondiaux soient homogènes…

Walmart

milliards $	2012	2013	2014	2015
Coûts des ventes (a)	352,5	358	365	361
Dettes fournisseurs (b)	38	37,4	38,4	38,5
Délai moyen de paiement (b)/(a) × 365	39,3	38,1	38,4	38,9

Carrefour

milliards €	2012	2013	2014	2015
Coûts des ventes (a)	60,7	59,8	59,3	60,8
Dettes fournisseurs (b)	12,9	12,9	13,4	13,6
Délai moyen de paiement (b)/(a) × 365	77,8	78,4	82,4	81,9

Le délai moyen de paiement de Walmart (extrêmement stable) est de deux fois inférieur à celui de Carrefour : la différence est énorme. On peut supposer que Walmart, du fait de sa puissance financière et de son pouvoir de négociation supérieur dans beaucoup de régions (ils commandent plus de marchandises), propose justement à ses fournisseurs de les payer rapidement pour obtenir les meilleurs prix. Et on peut également supposer que Carrefour essaie d'allonger ce délai au maximum afin de libérer du cash (on voit d'ailleurs que le délai a augmenté de quatre jours entre 2012 et 2015). Eux aussi ont un certain pouvoir de négociation vis-à-vis de leurs fournisseurs.

Une dette fournisseur est une facture qu'une entreprise doit régler à un tiers. Ce n'est pas encore fait, mais c'est généralement une question de quelques semaines.

Allonger le délai de paiement des fournisseurs permet de mobiliser moins de cash pour faire fonctionner l'entreprise sur un exercice : le fournisseur finance ainsi une partie plus importante de son activité. Mais attention, le délai de paiement est encadré par la loi et entretenir de bonnes relations avec ses fournisseurs n'est généralement pas une mauvaise idée. C'est parfois aussi important que d'être payé en temps et en heure par ses clients.

Étudier les délais de paiement des fournisseurs et leur évolution sur plusieurs années permet de mieux comprendre la relation qu'une entreprise entretient avec eux.

À noter

Le cash qui n'est pas utilisé tout de suite pour payer les fournisseurs peut être investi sur des placements à court terme et ainsi rapporter quelques euros supplémentaires. Même sur une période aussi courte, quand on parle en milliards d'euros, le produit de l'opération n'est pas négligeable.

7. Le besoin en fonds de roulement

Après avoir étudié les dynamiques des stocks, créances clients et dettes fournisseurs dans notre boulangerie, une synthèse de tout cela est de mise.

La boulangerie

Un attrait du *business model* de la boulangerie est que l'encaissement des créances clients ne pose pas de problèmes. La plupart des clients règlent en effet leur baguette ou leurs viennoiseries immédiatement à l'achat.

Si la boulangerie fonctionne, vous réglerez vos fournisseurs dans 60 jours par exemple, vous aurez alors largement le temps d'encaisser du cash pour les régler. Comme vous encaissez immédiatement, vous pourriez même vous permettre de réduire de quelques jours vos délais de paiement et négocier en contrepartie des remises avec vos fournisseurs pour augmenter votre profit par unité vendue, en faisant bien attention à garder le cash nécessaire pour reconstituer vos stocks.

La gestion des stocks est sans doute le point le plus sensible. Ce sont des denrées périssables et vous devrez donc calculer au plus juste vos besoins afin d'éviter de jeter des invendus ou de ne pas pouvoir vendre à vos clients (par exemple, s'il n'y a plus de pain frais disponible en cours de journée) et de les envoyer ainsi à la concurrence.

Le décalage de trésorerie peut alors exister entre :

- la constitution des stocks ;
- le règlement par les clients ;
- le paiement des fournisseurs.

C'est ce que l'on appelle le besoin en fond de roulement (ou BFR).

Très schématiquement, le BFR se calcule comme suit :

BFR = Stocks + Créances clients – Dettes fournisseurs

Ces éléments sont disponibles dans le bilan d'une entreprise.

La gestion du BFR est l'un des paramètres les plus importants dans la gestion de nombreuses entreprises car il peut drainer une partie du cash disponible. S'il en draine trop, l'issue peut être fatale.

Et quand les clients ne paient pas de suite ?

Supposons que vous souhaitiez changer de clientèle : vous voulez fournir uniquement des professionnels (restaurants, hôtels, maison de retraite, etc.) dans l'idée, par exemple, d'augmenter vos volumes de ventes.

Ces professionnels commandent des volumes plus importants et plus régulièrement que des particuliers, il n'est pas anormal de leur accorder un délai de paiement. Sauf exception, ils ne paieront donc pas à la livraison et il faudra alors s'assurer qu'ils règlent bien leur dû en temps et en heure. Quel impact pour le BFR ?

Si vous optez pour cette option, vous ne bénéficierez pas des rentrées immédiates d'argent des clients particuliers. Vous devrez donc pouvoir assurer le financement de vos opérations à court terme (notamment acheter vos matières premières), ce qui signifie que votre business exigera davantage de capitaux pour fonctionner.

Vous devrez à la fois travailler à encaisser des factures (créances) et payer des fournisseurs. Si d'aventure vous deviez régler vos fournisseurs avant d'avoir encaissé vos clients, la situation de trésorerie de la boulangerie pourrait être tendue et vous devrez alors trouver des financements supplémentaires. Par exemple, en demandant un prêt à court terme à votre banquier, le temps que vos clients vous paient.

La situation idéale ?

Quittons l'univers de la boulangerie et allons dans celui des logiciels commercialisés aux particuliers et petites entreprises.

Depuis l'avènement d'Internet, un logiciel (moderne) n'a plus aucune existence physique : il suffit de le télécharger sur un site. Une entreprise qui édite des logiciels n'a donc aucun stock à gérer, ce qui implique qu'elle n'a pas à mobiliser de cash. Les clients qui désirent acquérir le logiciel se rendent directement sur le site de l'entreprise et en achètent un ou plusieurs exemplaires en quelques clics. Ils paient à la commande, l'entreprise n'a donc aucune créance client à gérer et le cash rentre instantanément dans ses caisses.

Dans un tel cas de figure, une fois le logiciel développé et commercialisé, l'entreprise n'a plus besoin de capital pour produire son offre et peut encaisser directement le produit de ses ventes (cependant, une grande entreprise peut tout de même exiger des délais de paiement).

L'entreprise réglera ses éventuels fournisseurs au moins quelques semaines après avoir encaissé le produit de ses ventes. Comme son cash rentre directement sur son compte en banque à la commande, et en supposant que les dirigeants gèrent convenablement leur affaire, une telle société n'aura aucun problème pour payer ses fournisseurs.

Le besoin en fonds de roulement d'un tel éditeur de logiciels se résume ainsi :

BFR = Stocks + Créances clients – Dettes fournisseurs
= 0 + 0 – Dettes fournisseurs.

Quel que soit le montant des dettes fournisseurs, le BFR de notre éditeur de logiciel sera négatif.

Ainsi, vous voyez pourquoi avoir un BFR négatif est commode pour une entreprise : ce sont les fournisseurs qui financent son activité ! L'entreprise pourra donc fonctionner avec une quantité de cash limitée sur son activité courante et/ou utiliser ce cash pour développer encore plus ladite activité ou en lancer d'autres.

L'exemple d'Apple

Le BFR d'Apple est négatif. Comment l'expliquer ?

(En milliards $)	**2013**	**2014**	**2015**	**2016**
Chiffre d'affaires (a)	171	183	234	216
Coût des ventes (b)	106	112	140	131
Créances clients (A)	20,6	27,3	30,3	29,3
Délai moyen de paiements (A)/(a) × 365 (en jours)	44	54	47	49
Stocks (B)	1,7	2,1	2,30	2,1
Rotation des stocks (B)/(b) × 365 (en jours)	6	7	6	6
Dettes fournisseurs (C)	22,4	30	35,5	37,3
Délai moyen de paiements (C)/(b) × 365 (en jours)	77	98	93	104
BFR (A) + (B) – (C)	– 0,1	– 0,6	– 2,9	– 6
Évolution du BFR d'une année sur l'autre	1,65	– 0,5	– 2,3	– 3,05

L'entreprise ne stocke pratiquement pas ses produits : les stocks tournent en effet très vite (six jours). Il est de notoriété publique qu'Apple sait vendre au plus vite à ses clients.

Compte tenu de sa puissance commerciale, les clients et fournisseurs se plient au bon vouloir de la marque à la pomme. Les premiers paient leurs factures en temps et en heure (moins de 50 jours de délai de paiement en 2016) et les seconds attendent un peu avant d'être payés (plus de trois mois). Apple n'a donc aucun cash à investir pour fabriquer ses produits, ce sont les fournisseurs qui financent.

Peut-être est-ce encore un élément de plus pour expliquer la fulgurante réussite d'Apple et son importante génération de cash (50 milliards en 2016).

Important

Un BFR qui diminue d'une année sur l'autre, c'est du cash disponible en plus dans les caisses. Lorsqu'on voit le BFR suivre une telle évolution plusieurs années de suite, cela peut être le signe que l'entreprise est attentive à sa capacité à générer du cash (mais attention, cela peut aussi être un effet d'optique temporaire).

Un BFR qui augmente systématiquement de manière trop importante peut être une alerte sérieuse. Cela signifie que l'entreprise a besoin de plus de cash pour fonctionner d'une année sur l'autre et il est problématique que l'entreprise manque de cash.

Comme pour chacune des composantes (stocks, créances, dettes fournisseurs...), le BFR doit être lu uniquement en relation avec le niveau de ventes.

En effet, si une entreprise augmente son chiffre d'affaires, cela signifie qu'elle vend plus de produits et/ou pratique des prix de vente plus élevés. Dans de nombreux cas de figure, cela conduira à une hausse du BFR (si on vend plus de produits nécessitant d'être stockés pendant une certaine durée et dont la vente demande d'importants échéanciers de paiement, on a plus de stocks et/ou de créances clients).

Donc un BFR qui augmente (ou qui diminue) ne signifie pas forcément quelque chose en particulier dans l'absolu. Il faut le comparer à un niveau de ventes et on peut ainsi analyser l'évolution dans le temps, soit :

- en calculant la grandeur BFR/chiffre d'affaires et on obtient alors un pourcentage ;
- en multipliant ce résultat par 365 pour travailler avec un chiffre en nombre de jours, plus illustratif pour certaines personnes.

Regardons l'évolution du BFR chez La Doria (un fabricant de produits à base de tomates et distributeur dans l'agroalimentaire) entre 2010 et 2014. Vous le voyez, le BFR augmente (il passe de 139 M€ à 163 M€), mais rapporté au chiffre d'affaires, il diminue de 20 jours (il passe de 114 à 94 jours).

(En millliards $)	2010	2011	2012	2013	2014
Chiffre d'affaires	443	484	579	604	631
Stocks	139	176	188	194	160
Créances clients	71	81	91	89	107
Dettes fournisseurs	71	78	103	113	104

▶

(En millliards $)	2010	2011	2012	2013	2014
BFR	139	179	176	170	163
BFR/CA (en jours)	114	135	111	103	94

Une telle évolution, si elle restait durable, serait un indicateur possible de la qualité de gestion des opérations dans une entreprise. Ces 20 jours de BFR gagnés alors même que l'activité est en croissance se traduisent immédiatement par du cash disponible en plus dans les caisses de l'entreprise (encore une fois, si l'évolution est durable).

Le besoin en fonds de roulement (BFR) traduit le décalage de trésorerie (lié au décalage de temps) entre le moment où une entreprise encaisse le produit de ses ventes aux clients et celui où elle décaisse l'argent dû à ses fournisseurs :

- si l'on encaisse avant de décaisser, les fournisseurs financent l'activité et l'entreprise se retrouve avec du cash libéré à d'autres fins ;
- si l'on décaisse avant d'encaisser, il est nécessaire d'avoir un coussin de cash pour financer ce décalage.

Une augmentation du BFR ampute la génération de cash d'une entreprise. Une baisse du BFR, à l'inverse, la stimule.

Le BFR se calcule ainsi de manière simplifiée :

BFR = Stocks + Créances clients – Dettes fournisseurs.

En toute rigueur, sa définition est : *les actifs courants mobilisés dans les opérations – les passifs courants opérationnels.*

On pourra noter les principales différences avec le calcul simplifié. Sont pris en compte dans la définition :

- le cash qui n'est pas en excès par rapport aux besoins opérationnels de l'entreprise (seul le cash en excès sur les besoins opérationnels doit être exclu du calcul en toute rigueur) ;
- les actifs opérationnels courants en dehors des stocks (actifs d'impôts différés, dépenses prépayées) ;
- les passifs d'impôts courants et provisions opérationnelles courantes.

Mais attention, plus que le montant du BFR, c'est sa variation et son évolution dans le temps qui importent.

Compléments

Si tout le cash d'une entreprise est en excès par rapport à ses besoins opérationnels, il existe une manière simple de calculer le BFR total.

BFR Total = Actifs courants – Passifs courants
+ Dettes financières courantes – Cash

Le BFR met en évidence les rentrées et sorties d'argent liées aux opérations, c'est pourquoi nous ne tenons pas compte des éléments financiers. Comme nous avons :

- retranché les dettes financières comprises dans les passifs courants, nous les ajoutons ;
- ajouté le cash inclus dans les actifs courants, nous le retranchons.

Les différentes variations du BFR, ainsi que celles de chacune de ses composantes, apparaissent dans le tableau des flux de trésorerie. Regardons celui de Gévelot pour les années 2014 et 2015.

Variation des stocks	2 %	(7 457)
Variation des créances clients	(3 162)	(748)
Variation des autres créances opérationnelles	(4 860)	1 252
Variation des dettes fournisseurs	(3 647)	111
Variation des autres dettes opérationnelles	11 138	30 220
Variation du besoin en fonds de roulement	**(235)**	**23 378**
FLUX NET DE TRÉSORERIE PROVENANT DES ACTIVITÉS POURSUIVIES	**10 791**	**41 913**

En 2015, la variation de BFR avait conduit à une génération de cash de 23,38 M€ (ce qui signifie que le BFR avait diminué) et la situation était à l'équilibre en 2014.

7

Les résultats, le *cash-flow*, la rentabilité et les dividendes

1. Le calcul du *free cash-flow*

En tant qu'investisseur et (peut-être) futur copropriétaire d'une entreprise, nous sommes nécessairement intéressés par l'argent qu'elle gagne. Pour être plus précis, ce qui nous intéresse est sa capacité à dégager du cash par ses opérations courantes, hors investissements nécessaires au maintien de son outil de production. C'est ce cash « libre » qui peut être utilisé ensuite pour faire croître l'activité, acquérir une autre entreprise ou rendre de l'argent aux actionnaires.

Or, il s'avère que ce chiffre – ***le free cash-flow*** – n'apparaît nulle part dans les documents financiers des entreprises. Il est par ailleurs très rarement donné par les entreprises (ça arrive parfois mais, comme vous le savez déjà, il n'est jamais néfaste de vérifier ce que dit le management). Il va donc falloir le calculer nous-même.

Avant cela, attardons-nous sur ces quelques éléments de compréhension indispensables.

Les limites du résultat comptable

Si vous n'aviez qu'une seule à chose à retenir de cette section : le résultat net (celui qui est tout en bas du compte de résultat) n'est pas le *free cash-flow*. Parfois les deux grandeurs sont proches, mais ce n'est pas obligatoirement le cas. En voici les principales raisons.

■ Les immobilisations

Une entreprise décide de faire construire une nouvelle usine pour un coût de 10 M€ : ces 10 millions n'apparaîtront pas dans le compte de résultat. Pourquoi ? Parce que l'usine est un actif (une immobilisation corporelle) qui sera utilisé pour fabriquer de nouveaux produits.

Donc les 10 millions apparaîtront dans le bilan en tant qu'immobilisation corporelle mais, comme ce n'est pas une dépense opérationnelle au sens comptable du terme (mais un investissement supposé rapporter de l'argent à celui qui l'entreprend), ils n'impacteront pas le résultat comptable de l'entreprise. Et ce bien, que celle-ci ait dû sortir 10 millions de cash de sa caisse.

■ Les dépréciations et les amortissements

Nous avons vu précédemment que ces éléments étaient de nature purement comptable et qu'ils n'entraînaient pas de sortie de cash.

Ils sont pourtant bien considérés comme une dépense au sens comptable dans le compte de résultat et viennent ainsi diminuer le résultat de l'entreprise.

■ Le besoin en fonds de roulement

Comme nous l'avons vu, les variations du BFR impactent directement la génération de cash d'une entreprise. Mais comme ces variations concernent des actifs et des passifs courants inscrits au bilan, elles n'apparaîtront pas non plus dans le compte de résultat. Et pourtant, il s'agit bien de cash qui rentre ou sort du compte bancaire !

Finalement, une entreprise peut parfaitement présenter un résultat comptable positif (bien en apparence) mais un *free cash-flow* négatif (parfois moins bien, surtout si c'est récurrent...). Ou l'inverse, même si c'est plus rare.

Le *free cash-flow*

C'est cette quantité de cash qui nous intéresse car c'est (entre autres) sur cette base que nous pourrons tenter d'estimer la valeur d'une entreprise. Alors, comment trouver le *free cash-flow* ?

Avant de vous donner des éléments de réponse, retenez qu'il n'existe aucune définition comptable normée de cette grandeur. Ce n'est pas grave, c'est le principe qui compte. Voici les étapes à suivre :

- à partir du résultat net ;

- ajouter tous les mouvements comptables qui n'entraînent pas de sortie de cash ;
- soustraire toutes les sorties de cash effectives.

Les éléments utiles se trouvent tous dans le tableau des flux de trésorerie (qui, par définition, regroupe toutes les variations de cash).

Nous avons déjà vu que le *cash-flow* opérationnel, ou flux de trésorerie opérationnel, était la juste mesure du cash dégagé par les activités d'une entreprise. En fait, il permet de corriger les limites du compte de résultat, les dépréciations et les amortissements, et les variations du besoin en fonds de roulement. Prenons l'exemple de Gévelot.

Flux de trésorerie consolidés

(En milliers d'euros)	**31/12/2015**
OPÉRATIONS D'ACTIVITÉ	
Résultat net de l'ensemble consolidé	**(3 590)**
Résultat net des activités destinées à être cédées ou en cours de cession	–
Résultat net des activités poursuivies	**(3 590)**
Élimination des charges et produits sans incidence sur la trésorerie ou non liés à l'activité :	
• Amortissements et provisions (Élément non cash)	12 457
• Actualisation des actifs et passifs financiers	48
• Variation des impôts différés	1 684
• Plus ou moins-values de cessions, nettes d'impôt	427
Marge brute d'autofinancement des sociétés intégrées	**11 026**
Dividendes reçus des sociétés mises en équivalence	–
Dividendes reçus des activités destinées à être cédées ou en cours de cession	–
• Variation des stocks	296
• Variation des créances clients	(3 162)
• Variation des autres créances opérationnelles	(4 860)
• Variation des dettes fournisseurs	(3 647)
• Variation des autres dettes opérationnelles (Variation du BFR)	11 138
Variation du besoin en fonds de roulement	**(235)**

À ce stade, il ne reste plus qu'à retrancher l'acquisition des immobilisations (*capital expenditures* ou *Capex*) pour obtenir le *free cash-flow*.

FLUX NET DE TRÉSORERIE PROVENANT DES ACTIVITÉS POURSUIVIES		10 791
OPÉRATIONS D'INVESTISSEMENT		
• Acquisitions d'immobilisations incorporelles et corporelles	Capex	(12 679)
• Augmentations des actifs financiers		(20 137)

En synthèse, nous avons :

***Free cash-flow* = Marge brute d'autofinancement – Augmentation du BFR* – Capex = 11 026 – 235 – 12 679 = – 1 888 K€**

Sur l'année 2015, le *free cash-flow* de Gévelot est négatif de 1,9 M€ (c'est du cash consommé).

À noter

Une diminution du BFR sera considérée comme une augmentation négative : ainsi, une diminution du BFR représente du cash en plus.

Quant à Apple, elle a généré 52,3 Mds$ en 2016.

(In million $)	**Sept. 24, 2016**
Cash and cash equivalents, beginning of the year	21,120
OPERATING ACTIVITIES	
Net income	45,867
• Adjustements to reconcile net income to cash generated by operating activities:	
• Depreciation and amortization	10,505
• Share-based compensation expense	4,210
• Deferred income tax expense	4,938
Changes in operating assets and liabilities:	
• Accounts receivable, net	1,095
• Inventories	217
• Vendor non-trade receivables	(51)

▶

OPERATING ACTIVITIES	
• Other current and non-current assets	1,090
• Accounts payable	1,791
• Deferred revenue	(1,554)
• Other current and non-current liabilities	(2,104)
Cash generated by operating activities (1)	**65,824**
INVESTING ACTIVITIES	
Purchases of marketable securities	(142,428)
Proceeds from maturities of marketable securities	21,256
Proceeds from sales of marketable securities	90,536
Payments made in connection with business acquisitions, net	(297)
Payments for acquisition of property, plant and equipment (2)	(12,734)
Payments for acquisition of intangible assets	(814)
Payments for strategic investments	(1,388)

Free cash-flow
= *Cash-flow* opérationnel (*cash generated by operating activities*)
– acquisitions d'immobilisations (1)
= 65,824 – 12,734 – 0,814 (2)
= 52,276 Mds $

Parfois, les acquisitions d'immobilisations sont présentées en une seule ligne (comme Gévelot) ou séparément (comme Apple).

Le *free cash-flow* de l'exercice est la réelle mesure du cash qui entre dans les caisses d'une entreprise au cours de l'exercice. On peut également parler de profit cash.

Il n'existe pas de calcul normé pour le *free cash-flow* mais voici l'essentiel :

- résultat net et *free cash-flow* sont deux notions distinctes. La première est une écriture comptable, la seconde mesure du cash généré par une entreprise ;
- des écritures comptables viennent impacter le résultat net alors même qu'elles n'entraînent aucun mouvement de cash (ex : les amortissements) ;
- des entrées ou des sorties de cash réelles n'apparaissent pas dans le compte de résultat et dans la formation du résultat net (par exemple les acquisitions d'immobilisations ou la variation du BFR).

Le *free cash-flow* peut fortement varier d'une année sur l'autre, selon l'état des opérations ou le moment où l'on se trouve dans le cycle : il faut alors le normaliser et l'exercice relève davantage de l'art que de la science.

2. La différence entre le *free cash-flow* et le résultat net

La bonne méthode

Il n'existe donc aucune définition comptable normée du *free cash-flow* (FCF). L'objectif, en calculant le FCF, est de savoir combien de cash un business a rentré dans ses caisses au cours de l'exercice par ses opérations et après avoir réalisé tous les investissements nécessaires à son fonctionnement.

D'autre part, le résultat net est l'ensemble des produits comptables de l'entreprise (il s'agit généralement des ventes) auxquelles on soustrait toutes les charges comptables. Ainsi, pour trouver le cash qui est rentré (ou sorti) de la caisse en cours d'exercice, l'idée est de :

- retraiter les écritures purement comptables ;
- prendre en compte toutes les entrées et sorties de cash liées aux opérations et investissements opérationnels.

Ce qui revient arithmétiquement à dire la chose suivante :

- à partir du résultat net ;
- ajouter toutes les charges comptables qui n'entraînent pas de sortie de cash ;
- soustraire toutes les sorties de cash effectives.

Comme nous l'avons vu, c'est précisément l'un des objectifs du tableau de flux de trésorerie.

Reprenons l'exemple d'Apple pour voir comment cela est fait en pratique (nous prenons volontairement un cas en anglais, pour le faire en français, vous pouvez vous reporter à la section précédente sur le cas de Gévelot. La logique est strictement la même).

(In million $)	**Sept. 24, 2016**
Cash and cash equivalents, beginning of the year	21,120
OPERATING ACTIVITIES	
Net income	45,867
• Adjustements to reconcile net income to cash generated by operating activities:	
• Depreciation and amortization	10,505
• Share-based compensation expense	4,210
• Deferred income tax expense	4,938
Changes in operating assets and liabilities:	
• Accounts receivable, net	1,095
• Inventories	217
• Vendor non-trade receivables	(51)
• Other current and non-current assets	1,090
• Accounts payable	1,791
• Deferred revenue	(1,554)
• Other current and non-current liabilities	(2,104)
Cash generated by operating activities (1)	**65,824**
INVESTING ACTIVITIES	
Purchases of marketable securities	(142,428)
Proceeds from maturities of marketable securities	21,256
Proceeds from sales of marketable securities	90,536
Payments made in connection with business acquisitions, net	(297)
Payments for acquisition of property, plant and equipment (2)	(12,734)
Payments for acquisition of intangible assets	(814)
Payments for strategic investments	(1,388)

Dans la partie « *Operating activities* », on voit qu'Apple part du résultat net (*Net income*) et ajoute à ce résultat les dépenses qu'elle considère non cash.

- « *Depreciation and amortization* », une charge purement comptable.
- « *Share based compensation* » (rémunération en actions).

Ce point est plus discutable : si une rémunération en actions n'entraîne effectivement pas de sortie de cash pour une entreprise (par définition, puisque l'employé est payé en actions), elle prive les actionnaires d'une part de leur entreprise. La « dépossession » d'une partie de l'entreprise a bel et bien un coût pour ses actionnaires : une rémunération est donc bien une dépense, même si elle n'entraîne pas de sortie de cash pour l'entreprise. Il vous appartient de traiter ce point comme vous l'entendez, mais ne vous laissez pas abuser ! Le plus simple pour savoir ce qu'une entreprise génère est alors de déduire la dépense (on peut aussi raisonner par action sans déduire la dépense mais en incrémentant le nombre d'actions en circulation en conséquence – beaucoup de complications pour une fausse précision), tout en gardant à l'esprit que l'entreprise ne sort pas de cash à ce moment-là (ce qui rend logique le retraitement du tableau de flux de trésorerie qui est là pour justifier une variation de cash sur un exercice).

- « *Deferred income tax expense* » (impôts différés). Différer un impôt permet en effet de ne pas sortir du cash sur l'exercice (à condition que la pratique soit permise). Il faut cependant comprendre si la pratique est exceptionnelle pour l'exercice concerné ou reproductible à long terme, car compter cela comme normal peut porter préjudice si le contraire s'avérait vrai.

Une fois que les dépenses non cash ont été ajoutées (celles qui, en tout cas, vous paraissent pertinentes), on traite la variation du BFR. En effet, constituer un stock de produits peut être un investissement de cash nécessaire et pénaliser ce qui reste dans les caisses de l'entreprise. Il arrive également que ce soit le contraire (dans le cas où les fournisseurs financent le stock de l'entreprise). La prise en compte de la variation du BFR se traite dans la partie « *Change in operating assets and liabilites* ».

On commence par l'impact des actifs opérationnels sur la trésorerie de l'entreprise :

- « *Accounts receivable, net* » (créances client nettes) mesure l'impact cash de la variation de créances d'un exercice à l'autre. Ici, on voit que l'impact sur la trésorerie de l'entreprise est positif, ce qui signifie qu'Apple produit moins de créances pour fonctionner sur la période étudiée, ce qui lui a permis de garder plus de cash dans ses caisses ;
- « *Inventories* » (stock) mesure l'impact cash de la variation de stock d'un exercice à l'autre. Ici, on voit que l'impact sur la trésorerie de l'entreprise est positif, ce qui signifie qu'Apple a eu besoin d'un niveau

de stock plus faible pour fonctionner sur la période étudiée, ce qui lui a permis de garder plus de cash dans ses caisses ;

- « *Vendor non trade receivable* » (créances liées à la vente de produits Apple aux vendeurs – en pratique, on peut lire dans les rapports annuels qu'Apple vend certaines matières premières à ses assembleurs dans le cadre de son activité). L'impact sur la trésorerie de l'entreprise est négatif, ce qui signifie qu'Apple a fait plus de créances aux vendeurs sur ce qu'elle leur a vendu sur la période considérée, ce qui a demandé une mobilisation de cash supplémentaire par rapport à l'exercice précédent ;
- « *Other current and non-current assets* » (autres actifs courants et non courants). L'impact sur la trésorerie de l'entreprise des autres actifs qu'Apple considère comme des actifs opérationnels a été positif, ce qui signifie que moins de cash a dû être mobilisé pour constituer ces actifs. Le niveau de ces actifs au bilan a donc diminué sur la période.

On attaque ensuite l'impact des passifs opérationnels sur la trésorerie de l'entreprise :

- « *Accounts payable* » (dettes fournisseurs). L'impact sur la trésorerie de l'entreprise est positif, ce qui signifie qu'Apple a dû mobiliser moins de cash pour payer ses fournisseurs sur l'exercice considéré. Les dettes fournisseurs ont donc augmenté ;
- « *Deferred revenue* » (revenu différé ou produits constatés d'avance). L'impact sur la trésorerie de l'entreprise est négatif, ce qui signifie qu'Apple a constaté moins de produits d'avance sur l'exercice considéré, ce qui détériore sa position de trésorerie par rapport à cet aspect ;
- « *Other current and non current liabilites* » (autres passifs courants et non courants). L'impact sur la trésorerie de l'entreprise des autres actifs qu'Apple considère comme des actifs opérationnels a été négatif sur la période considérée, ce qui signifie que l'entreprise a mobilisé davantage de cash. Le niveau de ces passifs au bilan a donc diminué sur la période.

À l'issue de ces retraitements, on obtient le résultat net auquel on a ajouté les dépenses non cash comptabilisées dans le compte de résultat et soustrait les entrées et sorties de cash effectives liées à la variation des actifs et passifs opérationnels (soit la variation du besoin en fonds de roulement). Cela donne une grandeur appelée traditionnellement « *Cash generated by operating activities* » (cash généré par les opérations). Elle est supérieure à 65 Mds $ chez Apple.

Ensuite, la seule sortie de cash correspondant aux opérations de l'entreprise (ce qui exclut toutes les variations liées aux éléments purement financiers, tels que le paiement d'un dividende aux investisseurs, les éventuelles augmentations et réductions de capital, le cash levé auprès d'emprunteurs ou remboursé aux emprunteurs) qu'il nous reste à comptabiliser, est celle liée aux investissements dans les actifs productifs. Nous allons les chercher dans la partie « *Investing activities* », dans les lignes suivantes :

- « *Payments for acquisition of property, plant and equipments* » (acquisition d'immobilisations corporelles) ;
- « *Payments for acquisition of intangible assets* » (acquisition d'immobilisations incorporelles).

Ces deux lignes peuvent parfois être regroupées dans le tableau de flux. Il suffit de soustraire leur montant de cash généré par les opérations pour aboutir au FCF tel qu'il est usuellement utilisé.

Complément

La ligne « *Payments made in connection with business acquisitions, net* » (acquisitions) peut être sujette à débat. On peut arguer qu'une acquisition est une sortie de cash liée aux opérations et qu'elle pourrait de ce fait être comptabilisée dans le calcul du FCF. Toutefois, on peut également objecter qu'il s'agit d'une sortie de cash supposée générer une croissance rentable dans le temps et qu'il ne serait donc pas pertinent de pénaliser le FCF pour cela... Comme vous vous en doutez déjà, tout dépend de la situation.

Chez Apple, quel que soit votre choix, le montant est faible par rapport au cash généré par les opérations et par rapport au cash sorti pour les investissements dans les actifs productifs. Le sujet n'est donc pas important dans cet exemple, mais il pourrait l'être pour d'autres.

Si l'on accepte tous les retraitements d'Apple dans son tableau de flux de trésorerie, on obtient :

FCF = *Cash from opérations – Payments for acquisition of property, plant and equipments – Payments for acquisition of intangible assets* = 65 824 – 12 734 – 814 = 52 276 M$.

Cela se compare à un bénéfice net (net income) de 45 687 M$.

Le FCF diffère donc du résultat net sur les points suivants :

- **des dépenses non cash sont présentes dans le compte de résultat et doivent être retraitées (à part la rémunération en actions)** ;

- **les investissements représentent des sorties de cash qui ne sont pas dans le compte de résultat ;**
- **la variation du BFR impacte la génération de cash d'un business mais n'est pas prise en compte dans le compte de résultat.**

Calculer un FCF normalisé relève davantage de l'art que de la science exacte.

3. L'EBIT, l'EBITDA, l'EBITDA-Capex

L'EBIT

L'EBIT (*Earnings Before Interests and Taxes*), ou résultat opérationnel en français, est la différence entre les produits du compte de résultat et les charges opérationnelles du compte de résultat.

Prenons comme exemple le compte de résultat d'Apple dans le rapport annuel de 2016 ou formulaire 10-K.

Consolidated Statements of Operations

(In million $)	**Sept. 24, 2016**	**Sept. 26, 2015**	**Sept. 27, 2014**
Net sales	215,639	233,715	182,795
Cost of sales	131,376	140,089	112,258
Gross margin	**84,263**	**93,626**	**70,537**
Operating expenses:			
• Research and development	10,045	8,067	6,041
• Selling, general and administrative	14,194	14,329	11,993
Total operating expenses	**24,239**	**22,396**	**18,034**
Operating income	60,024	71,230	52,503
Other income/(expense), net	1,348	1,285	980
Income before provision for income taxes	61,372	72,515	54,483
Provision for income taxes	15,685	19,121	13,973
Net income	**45,687**	**53,394**	**39,510**

Les produits d'Apple sont ses ventes (« *Net sales* »), ses coûts opérationnels sont le coût des ventes (« *Cost of sales* »), la recherche et le développement (« *Research and development* ») et les coûts commerciaux et administratifs (« *Selling, general and administrative* »). En déduisant les coûts des ventes, on obtient le résultat opérationnel, souvent appelé EBIT ou « *operating income* » en anglais.

Pour passer de l'EBIT au résultat net, on ajoute ou déduit les résultats non opérationnels (généralement le résultat financier) pour obtenir le résultat avant impôts, puis les taxes pour passer au résultat net.

L'EBIT est donc le résultat comptable des opérations, sans les impacts financiers et fiscaux, qui sont en dehors du contrôle de l'entreprise.

Même si cela ne se voit pas toujours, l'EBIT tient compte des amortissements et de la dépréciation, deux dépenses à caractère comptable (qui peuvent être incluses dans les autres postes de dépenses opérationnelles du compte de résultat).

Apple donne explicitement son EBIT dans son compte de résultat, comme la plupart des entreprises cotées en Bourse. Il est d'un peu plus de 60 Mds $ en 2016.

On peut se servir de l'EBIT et plus particulièrement de la marge d'EBIT (EBIT/chiffre d'affaires, que l'on peut exprimer en pourcentage) pour comparer la performance opérationnelle d'entreprises du même secteur, mais il convient de garder à l'esprit que les politiques d'investissement, d'amortissement et de dépréciation peuvent différer selon l'entreprise (la comparaison n'est donc pas forcément parfaite).

L'EBITDA

Afin de s'affranchir des différentes politiques d'amortissement, il est possible d'utiliser ce que l'on appelle l'EBITDA (*Earnings Before Interest, Taxes, Depreciation and Amortization*), qui se calcule selon la formule EBIT + D&A (EBIT, auquel on ajoute la dépréciation et les amortissements). Comment calculer cette grandeur chez Apple ?

Comme les dépréciations et amortissements n'apparaissent pas explicitement dans le compte de résultat (ou de manière incomplète dans certains cas), il convient d'aller les chercher dans le tableau de flux de trésorerie. Voir pour exemple chez Apple.

(In million $)	**Sept. 24, 2016**
Cash and cash equivalents, beginning of the year	21,120
OPERATING ACTIVITIES	
Net income	45,867
• Adjustements to reconcile net income to cash generated by operating activities:	
• Depreciation and amortization	10,505
• Share-based compensation expense	4,210
OPERATING ACTIVITIES	
• Deferred income tax expense	4,938
Changes in operating assets and liabilities:	
• Accounts receivable, net	1,095
• Inventories	217
• Vendor non-trade receivables	(51)
• Other current and non-current assets	1,090
• Accounts payable	1,791
• Deferred revenue	(1,554)
• Other current and non-current liabilities	(2,104)
Cash generated by operating activities	**65,824**

La dépense de dépréciation et d'amortissement de 2016 était d'un peu plus de 10,5 Mds $. En ajoutant cette dépense (comptable) à l'EBIT de 2016 (d'un peu plus de 60 Mds $), on obtient un montant légèrement supérieur à 70,5 Mds $. Il s'agit de l'EBITDA de 2016 d'Apple.

On peut ainsi comparer l'efficacité opérationnelle d'entreprises du même secteur en rapportant leur EBITDA à leur chiffre d'affaires (ce que l'on appelle la marge d'EBITDA qui peut s'exprimer en pourcentage). Il convient cependant de garder à l'esprit que deux entreprises différentes peuvent avoir des politiques d'investissement différentes et que cela ne se voit pas dans leur EBITDA.

L'EBITDA-Capex

Pour tenir compte du dernier point, on peut introduire la grandeur EBITDA-Capex, qui met en relation l'EBITDA avec les investissements de l'entreprise (Capex). En travaillant sur une longue période (10 ans par exemple), il est alors possible de comparer l'efficacité opérationnelle des entreprises en tenant compte de leur politique d'investissement. L'EBITDA-Capex peut lui aussi être rapporté au chiffre d'affaires et s'exprimer en pourcentage. Allons chercher le Capex d'Apple.

(In million $)	**Sept. 24, 2016**
INVESTING ACTIVITIES	
Purchases of marketable securities	(142,428)
Proceeds from maturities of marketable securities	21,256
Proceeds from sales of marketable securities	90,536
Payments made in connection with business acquisitions, net	(297)
Payments for acquisition of property, plant and equipment	(12,734)
Payments for acquisition of intangible assets	(814)
Payments for strategic investments	(1,388)

La somme des acquisitions d'immobilisations (corporelles et incorporelles) d'Apple en 2016 est de 13,5 Mds $ environ. Ainsi, l'EBITDA-Capex d'Apple est de 70,5 – 13,5 = 57 Mds $ environ.

Compléments

Une tendance moderne de l'analyse financière est de considérer l'EBITDA comme un vrai bénéfice (avants intérêts et taxes) et beaucoup d'acteurs (banques, investisseurs) financent des entreprises sur la base de leur EBITDA.

Il convient de rappeler que l'EBITDA ne peut être considéré comme un vrai bénéfice que s'il s'agit de cash réellement disponible pour rembourser les prêteurs et enrichir les actionnaires : cela n'est possible que si l'entreprise n'a aucun investissement, ce qui est très rare.

Si une entreprise n'est pas dans ce cas, on a plutôt la relation suggérée par l'associé de Warren Buffett, Charles T. (Charlie) Munger : EBITDA = « *bullshit earnings* ».

Les entreprises vont de plus en plus souvent jusqu'à proposer un EBITDA ajusté. Évidemment, ce n'est jamais à la baisse. Ce chiffre est souvent encore plus élevé que l'EBITDA... Il faut comprendre les managements : plus un chiffre publié est élevé, plus il est vendeur.

Une autre tendance est de considérer l'EBITDA-Capex comme le cash généré par l'entreprise pour servir la dette et enrichir les actionnaires. Un lecteur ayant attentivement comparé le résultat net et le *free cash-flow* comprendra que cela n'est vrai que s'il n'y a pas d'impacts majeurs sur la génération de cash du business au niveau des actifs et passifs opérationnels, et s'il est à l'aise avec tous les retraitements des dépenses non cash du

Que vous montre ce tableau ? Qu'EDF verse un dividende supérieur à son profit cash qui est négatif ! Par exemple, en 2015, elle verse un dividende de 1,25 € alors qu'elle perd 1,92 € par action.

Et une société qui paie chaque année des dividendes alors qu'elle perd de l'argent ne va pas pouvoir continuer ainsi longtemps... Elle devra couper son dividende, emprunter de l'argent pour le payer ou émettre de nouvelles actions pour rentrer de l'argent frais. Toutes ces situations sont mauvaises pour l'actionnaire historique de l'entreprise.

Un important dividende ne promet donc pas un important rendement du capital investi, *a fortiori* si l'entreprise n'a pas les moyens de le payer !

À noter

Les comptes d'EDF servent ici à illustrer un cas réel. Il faut savoir que de nombreuses autres entreprises sont ou ont été dans la même situation comme Orange en 2011/2012 ou encore SoLocal en 2010/2011.

5. Le dividende : les notions de base

Les dividendes sont un sujet qui passionnent un grand nombre d'investisseurs. Certains ne recherchent que des sociétés à forts dividendes.

Vous allez maintenant apprendre à trouver le montant d'un dividende (passé et futur quand il est publié), à identifier sa fréquence de distribution et à calculer le rendement du dernier dividende versé.

Ces outils vous seront nécessaires pour savoir ensuite distinguer les « bons et mauvais dividendes ».

Définition et enjeu

Avant tout, quelques rappels.

Une entreprise peut utiliser son argent (son capital) de différentes manières. Elle peut l'investir dans des machines, acheter de nouveaux ordinateurs, ouvrir de nouveaux magasins, racheter un concurrent, augmenter les salaires de ses employés, etc. Elle peut aussi choisir de distribuer de l'argent à ses actionnaires. (Pour se rafraîchir la mémoire, rappelons-nous cette évidence : les actionnaires d'une entreprise en sont les propriétaires). L'argent rendu aux actionnaires est justement le dividende.

En général, le dividende correspond à une partie des bénéfices que l'entreprise réalise. Un dividende généreux attire en général assez facilement l'investisseur. Mais encore faut-il savoir distinguer les bons dividendes des mauvais !

Le point à ne pas rater concernant le dividende est le suivant : c'est un jeu à somme nulle. En effet, le cash que vous redonne l'entreprise ne sort pas de nulle part : il vient des caisses de la société pour être redonné aux actionnaires. Or, comme les actionnaires sont les propriétaires de l'entreprise, cela ne change rien pour eux : qu'il soit distribué ou non, cet argent est déjà le leur.

Enfin, presque rien : les actionnaires doivent payer des taxes sur ce dividende !

Le montant du dividende

Comment connaître le montant du dividende versé par une entreprise ? C'est très simple.

Prenons l'exemple de Linedata. À la p. 114 de son rapport annuel de 2015, nous trouvons la note n° 20.5 intitulée « Politique de distribution des dividendes ».

Au titre de l'exercice (1)	**Nombre d'actions** (2)	**Dividende par action (en €)** (3)
2012	7 825 025	0,55
2013	7 849 025	0,65
2014	7 352 706	0,65

Vous le voyez : pour chaque année de référence (1), sont précisés le nombre d'actions qui donnent droit à la perception du dividende (2) et le montant du dividende par action (3). Ainsi, au titre de l'année 2014, la société Linedata a versé, 0,65 € par action en guise de dividende.

Si vous continuez la lecture du paragraphe qui suit ce tableau, vous voyez la phrase suivante :

> *Il sera proposé à l'assemblée générale annuelle à tenir en 2016, compte tenu de la forte augmentation des résultats de l'exercice, d'approuver la distribution d'un* ***dividende ordinaire par action de 1,40 €****. Il sera également proposé la distribution d'un* ***dividende exceptionnel de 3 € par action****.*

Cette phrase nous indique le prochain dividende : 1,40 € est ainsi proposé pour l'année 2015. Pourquoi « proposé » et non pas « décidé » ? Parce que la décision de verser un dividende est une décision soumise à l'approbation de l'assemblée générale (AG) des actionnaires (c'est comme pour une association ou une copropriété : tout le monde vote et il faut atteindre des quotas pour qu'une décision soit entérinée).

Vous savez donc maintenant où trouver l'information pour connaitre les dividendes versés dans le passé et les dividendes qui seront versés à l'avenir sous réserve de l'approbation des actionnaires lors de l'AG : ces deux éléments figurent dans les notes du rapport annuel.

Dividende ordinaire ou exceptionnel ?

Vous avez remarqué que la phrase qui propose de verser chez Linedata un dividende par action de 1,40 € à la prochaine AG parle de « dividende ordinaire » et propose également la distribution d'un « dividende exceptionnel » de 3 € par action.

Le dividende « ordinaire » est celui versé annuellement dans le cadre du fonctionnement normal de l'entreprise (ce qu'on peut voir dans le tableau ci-avant : nous savons que Linedata a payé un dividende à ses actionnaires au moins en 2012, 2013 et 2014).

Le dividende « exceptionnel » est celui versé en plus du premier et (en général) lorsque l'entreprise a du cash en excès dans ses comptes, par exemple à la suite de la vente d'une filiale ou si elle a récupéré de l'argent à la suite d'un procès gagné.

Pour résumer, en règle générale :

- le dividende ordinaire est une part des bénéfices de l'entreprise ;
- un dividende exceptionnel provient d'un surplus de cash, autrement dit des réserves de l'entreprise.

Selon les entreprises, le dividende est versé annuellement, semestriellement ou trimestriellement.

Le rendement

Linedata a versé un dividende de 1,40 € au titre de l'année 2015 (l'assemblée générale au printemps 2016 a approuvé la proposition des dirigeants).

Au cours de 40 € par action, le rendement du dividende est donc de 3,5 % (=1,40/40). Attention, ce n'est pas le rendement de votre investissement (nous reviendrons sur cette notion), mais le rendement rapporté au *cours actuel* de l'action.

Le taux de distribution

Que penseriez-vous d'une personne qui offrirait à ses amis des cadeaux somptueux alors qu'elle-même n'est pas certaine d'avoir de quoi manger le lendemain ? Sans doute que ce n'est pas très sage et vous auriez raison !

Eh bien, c'est la même chose pour certaines sociétés cotées qui versent un dividende ordinaire (très) supérieur à ce qu'elles gagnent.

Le taux de distribution permet justement de vérifier quelle proportion de ses bénéfices une entreprise retourne à ses actionnaires.

Ce point est très important et il vous permettra de distinguer les bons dividendes des mauvais. Nous reviendrons plus en détail sur ce sujet. Pour l'instant, retenez que si vous souhaitez investir dans une entreprise pour son dividende, vous devez d'abord vous assurer qu'elle gagne bien plus que ce qu'elle ne redistribue.

Le dividende est un retour de cash à l'actionnaire (on prend du cash dans les caisses de l'entreprise et on le distribue aux actionnaires).

Investir dans une entreprise sur la seule base de son dividende peut s'avérer dangereux. Les bons fruits ne poussent que sur les arbres en bonne santé : étudiez l'entreprise d'abord et le dividende ensuite.

6. Le calcul du taux de distribution du dividende

Pour une entreprise dont la poursuite de l'activité a du sens (autrement, une liquidation avec une distribution de son produit aux actionnaires serait sans doute la mesure la plus rationnelle à prendre), une distribution de dividende fait sens principalement si : 1) l'entreprise dispose à l'instant *t* de cash en excès sur ses besoins opérationnels et ses possibilités de réinvestissement rentable ou si 2) l'entreprise génère de manière régulière du cash en excès sur ses possibilités d'investissement par ses opérations.

Dans le premier cas de figure, il ne peut pas être garanti que l'entreprise pourra maintenir son dividende dans le temps : en effet, pour pouvoir le faire, il faut des opérations qui génèrent du cash sur une base régulière.

Aussi, le second cas de figure est idéal pour un investisseur qui recherche des dividendes réguliers et pérennes.

Nous nous intéressons ici à ce dernier cas : le but est de savoir si une politique de dividende régulière peut être maintenue dans le temps.

Le cas des entreprises qui versent des dividendes réguliers

Le rendement sur dividende est souvent apprécié des investisseurs : en effet, c'est un peu comme les loyers qui tombent dans l'immobilier, puisqu'il s'agit d'une rentrée de cash tangible (pour précision, on parle ici uniquement des dividendes en cash, un dividende en actions n'étant pas vraiment un dividende puisque l'entreprise qui émet des actions pour payer son dividende ne retourne pas son cash aux actionnaires).

Parfois, il est même possible d'investir en tablant sur un rendement confortable uniquement lié au dividende. Cependant, pour qu'une telle stratégie d'investissement soit viable, il est important de s'assurer que le dividende peut être maintenu dans le temps (dans le cas contraire, votre hypothèse de rendement est en péril). Pour ce faire, il suffit de s'assurer que le dividende est confortablement couvert dans le temps par les profits de l'entreprise. *A priori*, plus il est couvert, plus il est sûr (sauf disruption majeure du business) : ce n'est pas plus compliqué que cela !

Ainsi, pour maximiser ses chances d'avoir un dividende sûr, on peut calculer sa couverture en divisant le profit par le dividende, ou le profit par action par le dividende par action. On sait ainsi combien de fois le dividende est couvert par les profits. Inversement, on peut calculer le taux de distribution de l'entreprise en divisant le montant du dividende par les profits ou le dividende par action par les profits par action. On sait alors quel pourcentage du profit représente le dividende.

Par exemple, d'une part le résultat net du groupe Orange s'établit à 2,935 Mds€ en 2016. D'autre part, le montant du dividende dans les tableaux de flux de trésorerie est de 1,596 Mds€. Le taux de distribution dividende représente environ 54,4 % du résultat net (1,596/2,935).

Dès lors, il apparaît que les profits doivent être divisés par 2 avant que le dividende ne soit plus couvert par les profits. Cela donnerait donc une marge de sécurité sur le montant du dividende.

Oui, mais quels profits ?

Cependant, comme nous l'avons vu auparavant, le résultat comptable ne représente pas forcément le cash généré par les opérations de l'entreprise net des investissements. Or, c'est bien du cash qu'une entreprise distribue en dividendes. Il semble donc plus prudent de travailler à partir du cash généré par l'entreprise après impôts.

Reprenons l'exemple d'Orange. Sans faire de retraitements majeurs, nous voyons dans le tableau de flux de trésorerie les éléments suivants.

(En millions €)	**Note**	**2016**	**2015**	**2014**
Flux de trésorerie lié à l'activité				
Flux net de trésorerie généré par l'activité		**8 750**	**9 257**	**8 802**
Dont activités cédées	*3.2*	*206*	*535*	*468*
Flux de trésorerie lié aux opérations d'investissements				
Acquisitions (cessions) d'immobilisations corporelles et incorporelles				
Acquisitions d'immobilisations incorporelles et corporelles	*8.3 – 8.4*	(8 492)	(7 771)	(6 111)
Augmentation (diminution) des dettes fournisseurs d'immobilisations		32	1 239	98
Produits de cession des actifs corporels et incorporels		145	91	74

Le flux de trésorerie généré par l'activité (après intérêts et impôts) est de 8 750 M€ tandis que le montant des acquisitions d'immobilisations incorporelles et corporelles est de 8 492 M€. Ainsi, le cash généré par les opérations après investissements (donc théoriquement disponible pour le dividende) est de 258 M€.

Or, le montant à allouer au dividende est de 1 596 M€. De plus, ces considérations ne prennent même pas en compte le fait que l'entreprise a fait des investissements autres que les acquisitions d'immobilisations sur l'exercice. Il résulte qu'en termes de *cash-flow*, Orange ne couvre pas le montant de son dividende en 2016.

Le lecteur curieux pourra aller comparer le montant des remboursements d'emprunts avec celui des émissions d'emprunts dans le tableau de flux de trésorerie, ce qui permet de comprendre comment le dividende peut être financé. Les émissions d'emprunts sont de 3 411 M€, tandis que les remboursements sont de 2 694 M€.

Si le calcul du taux de distribution des dividendes est une opération importante pour ceux qui souhaitent avoir un rendement pérenne par ce biais, elle peut aussi donner des informations intéressantes (et soulever de nombreuses questions) sur les finances d'une entreprise.

7. Verser un dividende : une bonne idée ?

Comme toujours, ça dépend ! Il est important de rappeler que le dividende est un retour de capital à l'actionnaire. La question de savoir quand verser un dividende est pertinent revient à se demander quand est-ce qu'il est pertinent pour une entreprise de retourner son capital à ses actionnaires.

On distingue plusieurs cas.

- L'ensemble des activités et/ou des investissements de l'entreprise n'ont pas de perspectives de retour satisfaisantes : alors, arrêter l'activité, monnayer les actifs si c'est possible et rendre le capital aux actionnaires est sans doute la meilleure des décisions. Elle est toutefois rarement prise (un management n'est pas, par défaut, enclin à liquider mais à développer un business, d'autant plus s'il n'est pas massivement investi dans l'entreprise).
- Le business a ou génère plus de cash qu'il n'en a besoin pour ses investissements dans son/ses activité(s) actuelle(s) et le management ne souhaite pas se diversifier dans d'autres activités. L'entreprise peut alors rendre son cash (aussi bien présent au bilan que généré) en excès à ses actionnaires.
- L'entreprise génère du cash et choisit d'en rendre une partie aux actionnaires, malgré le fait qu'il existe des opportunités d'investissement profitables. La décision n'est pas forcément optimale en termes de rationalité, mais contente les actionnaires qui aiment recevoir du cash sur leur compte.

Il existe bien entendu des entreprises qui ne sont pas dans ces situations et qui versent des dividendes. *A priori*, ce ne serait pas spécialement une bonne idée pour une entreprise avec un bilan fragile ou si ses retours sur investissements sont importants. Mais la pertinence de la politique de versement des dividendes s'apprécie au cas par cas, en utilisant les considérations exposées ci-après.

Dans tous les cas, comme cela a été dit précédemment, il est essentiel que le dividende soit suffisamment couvert. Amusons-nous à évaluer si verser un dividende est une bonne idée dans les cas suivants.

1. Une entreprise ayant un ROI autour de 20 % par an à long terme et *a priori* capable de réinvestir à ce rythme dans un futur prévisible.
2. Une entreprise en pertes et sans perspectives de profits.

3. Une entreprise avec un ROI autour de 10 % par an à long terme et *a priori* capable de réinvestir à ce rythme dans un futur prévisible.
4. Une entreprise viable mais avec un endettement important.

Dans le premier cas, il est souhaitable que cette entreprise continue à investir à 20 % par an et ne verse pas de dividende. Les actionnaires devraient ainsi posséder beaucoup plus de patrimoine à long terme.

Dans le second cas, sans perspectives d'embellie, l'entreprise serait avisée de rendre autant d'argent que possible à ses actionnaires (et arrêter l'activité).

Dans le troisième cas, le paiement d'un dividende présente un avantage pour un actionnaire qui serait capable d'investir avec un ROI similaire ou supérieur. Le non-paiement d'un dividende peut également se défendre, notamment s'il permet de maintenir un bilan solide.

Enfin, une entreprise viable avec un endettement important doit en priorité servir sa dette. Le versement d'un dividende ne semble pas spécialement recommandé, sauf dans le cas où l'entreprise est capable de refinancer facilement son endettement dans n'importe quel contexte de marché.

8. Les calculs de rentabilité

La vie financière d'un business peut se résumer ainsi : utiliser du capital pour acquérir ou construire des actifs qui vont rapporter de l'argent.

Toutes les entreprises fonctionnent ainsi : Facebook a d'abord construit l'actif éponyme puis acquis d'autres actifs en utilisant du capital, Berkshire Hathaway a acheté des business qui lui rapportent du cash avec du capital, et même les sociétés de services utilisent du capital pour se créer une réputation auprès d'un réseau de prospects et clients.

On peut cependant distinguer deux étapes dans un business : une phase où l'on investit et une phase où l'on récolte les fruits de cet investissement. Il est important qu'à long terme les fruits de l'investissement soient suffisamment importants par rapport au capital investi.

Nous appellerons « rentabilité des capitaux investis », «retour sur investissement » ou simplement « rentabilité » ou encore « ROI », le rapport des produits d'un investissement/capital investi.

Cette définition soulève néanmoins les questions suivantes : comment définir et calculer le capital investi ? Comment mesurer les produits d'un investissement ? Les réponses à la première question vont permettre de définir les différentes mesures de rentabilité.

Le retour sur actifs

Si le capital d'un business est utilisé pour acquérir des actifs au bilan, alors il fait sens de se dire que le capital investi correspond simplement à la valeur d'acquisition des actifs en question. Il suffit de mesurer la valeur des actifs au bilan utilisés pour les opérations afin de déterminer le capital investi.

Ainsi, imaginons un business capitalisé à 100 000 € à sa création et qui acquiert pour ce montant un bien immobilier qu'il met en location (le raisonnement serait strictement le même pour l'acquisition d'une machine-outil pour produire quelque chose). Son bilan aurait l'allure suivante à ce moment-là :

ACTIFS

Cash : 0 €

Immobilisations : 100 000 €

Total actifs : 100 000 €

DETTES

Dettes financières : 0 €

Capitaux propres : 100 000 €

Le montant que mobilise l'entreprise dans le cadre de son activité est indiscutablement de 100 000 € et il correspond au total de ses actifs.

Si l'entreprise loue son bien immobilier pour 500 € par mois nets de toutes les charges opérationnelles, alors son EBIT sur 12 mois sera de 6 000 €.

Dans un tel cas de figure, l'EBIT peut représenter le produit de l'investissement avant intérêts et impôts.

Alors, il fait sens de définir le retour sur actifs (ROA, *return on assets*) pour mesurer la rentabilité de l'investissement avant intérêts (il n'y en a pas dans cet exemple, mais rien n'empêche qu'il puisse y en avoir) et impôts :

ROA = EBIT/Total des actifs utilisés pour produire cet EBIT

Nous prenons en compte uniquement les actifs qui sont utilisés pour produire l'EBIT car ceux qui ne le sont pas ne mesurent pas l'efficacité des investissements de l'entreprise dans son business. Les autres actifs, s'ils existent, sont en excès sur les besoins opérationnels du business et doivent être traités séparément du sujet de la rentabilité des investissements.

Dans notre exemple, nous avons un rendement de 6 % sur les actifs (ROA = EBIT/Actifs utilisés pour produire = 6 000/100 000).

Si l'année suivante on accumule du cash au bilan (fruit de la location) et on ne l'utilise pas, alors le ROA restera inchangé (indépendamment du fait qu'on aura en plus du cash dans les actifs du bilan).

En résumé, le ROA mesure la rentabilité des actifs productifs d'une entreprise.

Le retour sur capital employé

Un business n'emploie pas forcément que ses actifs pour fonctionner.

Si, par exemple, on suppose que le bien immobilier acquis ci-avant sera finalement utilisé en tant que magasin, il faudra constituer un stock pour lequel on fera appel à des fournisseurs.

Pour tester le concept, supposons qu'on bénéficie d'un financement bancaire long terme de cinq ans à hauteur de 50 000 € (garanti par le bien immobilier par exemple). Le bilan de l'entreprise sera alors le suivant :

ACTIFS

Cash : 50 000 €

Immobilisations : 100 000 €

DETTES

Dette financière : 50 000 €

Capitaux propres : 100 000 €

Supposons par ailleurs que le cash sera utilisé pour constituer un stock de marchandises du même montant et que le fournisseur accordera au business un délai de paiement d'un mois sur le stock. Alors, en début de mois, le bilan aura l'allure suivante :

ACTIFS

Cash : 50 000 €

Stocks : 50 000 €

Immobilisations : 100 000 €

DETTES

Dette fournisseur : 50 000 €

Dette financière : 50 000 €

Capitaux propres : 100 000 €

À ce stade, le business emploie 150 000 € d'actifs pour fonctionner (50 000 de stock + 100 000 d'immobilisations) mais n'emploie en réalité que 100 000 € d'immobilisations puisque le poste fournisseur finance le poste stocks (autrement dit, c'est le fournisseur qui finance le stock à ce stade et le business n'a donc pas besoin d'avoir le moindre euro pour financer son stock).

Supposons que l'on ait écoulé 10 000 € de stock sur un mois, avec une marge de 10 % (soit 1 000 € de profit et 11 000 € de cash encaissés sur ces ventes) et qu'on paie ensuite les fournisseurs. Pour maintenir les stocks à leur niveau initial (pour que les étagères soient pleines), le magasin rachète 10 000 € de stocks aux mêmes conditions qu'auparavant. Le bilan a alors l'allure suivante :

ACTIFS

Cash : 11 000 €

Stocks : 50 000 €

Immobilisations : 100 000 €

DETTES

Dette fournisseurs : 10 000 €

Dette financière : 50 000 €

Capitaux propres : 101 000 €

Dès lors, pour pouvoir fonctionner, le business mobilise 50 000 € de stocks, 100 000 € d'immobilisations en termes d'actifs, et ceux-ci sont partiellement financés par les fournisseurs à hauteur de 10 000 €.

Cela signifie qu'en réalité, si le business peut continuer à fonctionner de cette manière dans le temps, il mobilise 140 000 € de capitaux pour avoir 150 000 € d'actifs. Cette grandeur de 140 000 €, qui représente le capital réellement employé par les opérations, est appelée le capital employé.

À travers cette explication, vous aurez compris que le calcul du capital employé n'est pas si évident car il peut varier assez fortement au cours de l'exercice : s'il était de 100 000 € au moment de l'achat du stock (à ce moment intégralement financé par les fournisseurs), il est de 140 000 € à la fin du mois après paiement des fournisseurs. Le montant de capital réellement employé par un business est le maximum nécessaire sur l'année pour fonctionner.

La formule générale pour calculer le capital employé est :

Capital employé = Immobilisations + BFR (besoin en fond de roulement)

Si le business génère en fonctionnement normal 1 000 € d'EBIT mensuel, il en résulte un EBIT annuel de 12 000 €. La rentabilité des capitaux employés (ROCE, *return on capital employed*) se calcule alors ainsi :

ROCE = EBIT/Capital employé

Dans notre exemple, nous avons un ROCE = 12 000 (EBIT)/140 000 (immobilisations + stocks – dettes fournisseurs) = 8,57 %. Pour information, on a un ROA = 12 000 (EBIT)/150 000 (immobilisations + stocks) = 8 %.

On observe ici que le fait de faire financer une partie de ses actifs par ses fournisseurs permet de mobiliser moins de capital et d'augmenter la rentabilité des capitaux employés.

Le retour sur capitaux propres

À ce stade, on comprend que le retour sur actifs permet de mesurer le rendement des actifs d'un business sans tenir compte d'un quelconque effet de levier, tandis que le retour sur capitaux employés permet de mesurer la rentabilité opérationnelle d'un business en tenant compte de l'utilisation du levier des passifs opérationnels (uniquement les fournisseurs dans notre exemple, mais il peut y en avoir d'autres).

Dans les deux cas, ces mesures sont totalement indépendantes du mode de financement de l'entreprise : autrement dit, que l'entreprise soit financée uniquement par de la dette sans capitaux propres (cas de l'investissement immobilier dans certains cas de figure) ou uniquement par des capitaux propres, ou encore par un mélange des deux, le ROA et le ROCE sont intrinsèques au business.

En pratique, le rendement réellement reçu par un actionnaire dépend du mode de financement : en effet, si le montage est viable (condition forte), un actionnaire qui fonde une entreprise financée uniquement par de la dette a un retour sur investissement infini (puisqu'il ne met pas un sou de capitaux propres), tandis qu'il ne peut pas être infini si l'actionnaire mobilise son capital.

Pour traiter ce point, on introduit la notion de retour sur capitaux propres (ROE, *return on equity*), définie par :

ROE = Profit après intérêts et impôts (Résultat net – RN)/ capitaux propres

Il est important de déduire au numérateur l'ensemble des coûts du business, y compris de la dette car c'est la contrepartie de l'effet de levier (et l'actionnaire subit forcément la taxation dans son rendement).

Reprenons l'exemple de notre magasin qui emploie 140 000 € de capitaux pour fonctionner. On rappelle ci-dessous son bilan après le premier mois de fonctionnement :

ACTIFS

Cash : 11 000 €

Stocks : 50 000 €

Immobilisations : 100 000 €

DETTES

Dette fournisseurs : 10 000 €

Dette financière : 50 000 €

Capitaux propres : 101 000 €

Les capitaux propres de ce business sont de 101 000 € à cet instant et son EBIT normatif est toujours de 12 000 € par an. On suppose que la dette coûte 10 % par an, soit 5 000 €, et que le taux de taxation est de 33 %. On suppose par ailleurs que l'entreprise ne génère pas de produits financiers par placement de sa trésorerie.

On a alors Résultat net = (EBIT – Intérêts) × (1 – Taux de taxation) = (12 000 – 5 000) × 0,67 = 4 690 €.

On rapporte ce résultat aux capitaux propres pour obtenir le ROE. On a alors ROE = 4 690/101 000 = 4,64 %.

Si, en revanche, nous avions une dette à 5 %, on aurait alors résultat net = (12 000 – 2 500) × 0,67 = 6 325 € et ROE = 6 325 / 101 000 = 6,3 %.

Pour illustrer les impacts des intérêts et de l'effet de levier :

- si nous avions seulement 51 000 € de capitaux propres pour 100 000 € de dette, nous aurions alors avec une dette à 10 %, Résultat net = (12 000 – 10 000) × 0,67 = 1 340 € et ROE = 1 340/51 000 = 2,63 % ;
- avec la même structure de financement mais un coût de la dette à 5 %, nous aurions résultat net = (12 000 – 5 000) × 0,67 = 4 690 € et ROE = 4 690/51 000 = 9,2 %.

Ces exemples permettent de voir que l'effet de levier minimise le capital à investir par les actionnaires (puisque la banque finance une partie), mais que la contrepartie est le coût du levier qui peut fortement déprimer les retours sur investissement s'il est élevé. Comment l'expliquer simplement ?

Le business dont il est ici question génère un retour sur capital employé sans levier financier de 8,57 % avant impôts (ce qui correspond à 5,74 % après impôts avec un taux de taxation de 33 %). Il est donc insensé de financer un actif qui produit 8,57 % de pré-taxes avec une dette de 10 %. Pour que le montage soit logique, il faut pouvoir financer le business à moins de 5,74 %.

Ainsi, seul un levier avec un coût modéré en proportion du retour sur capital investi permet de booster le rendement des capitaux propres (celui attribuable aux actionnaires du business).

9. Le coût de la dette et le coût du capital

Les modes de financement

Une entreprise a toujours besoin de financer ses projets. À sa création, la première source de financement de l'entreprise est son capital social. Plus tard, il arrive assez fréquemment qu'une entreprise ait besoin de financements supplémentaires, par exemple pour recruter des collaborateurs, ouvrir un nouveau site de production, rénover son outil, etc.

Ce financement supplémentaire peut être obtenu soit *via* un prêt (crédit bancaire, obligation, apport compte courant), soit en échange d'une part dans l'entreprise auprès d'investisseurs (*via* une émission d'actions nouvelles, ordinaires ou préférentielles), soit par un mélange des deux (prêt convertible en actions nouvelles).

Le mode de financement choisi dépendra de la situation et des besoins de l'entreprise, ainsi que des désirs du management. Une dette est généralement l'alternative la moins chère, mais elle exige que l'entreprise rembourse du cash, soit régulièrement (pour une dette amortissable), soit à maturité (pour une obligation ou un prêt *in fine*, situation assez courante pour les entreprises cotées). À l'autre extrême, une émission d'actions ne demande pas de remboursement, mais dilue les actionnaires existants, ce qui peut leur être préjudiciable si l'entreprise est mal valorisée au moment de l'émission (et plutôt favorable si elle est très généreusement valorisée). Une chose est certaine : le financement a forcément un coût.

Dans le cas d'un financement au moyen d'une dette, le coût est évident : il s'agit du taux d'intérêt demandé à l'entreprise par les créanciers. Dans le cas d'un financement par émission d'actions, le coût, dit coût des capitaux propres, est difficile à déterminer, puisqu'il dépend directement de l'avenir d'une entreprise qui est, par définition, inconnu. On peut se dire qu'il s'agit de l'espérance de gain pour les actionnaires entrants. Cela correspond également au coût de l'opportunité que laissent filer les actionnaires dilués par ce biais.

En théorie financière, on définit le coût du capital (ou plus rigoureusement le coût moyen pondéré du capital) WACC (*Weighted Average Cost of Capital*) par la formule suivante :

WACC = Moyenne pondérée du coût de la dette et des capitaux propres = Proportion des dettes dans le financement de l'entreprise × Coût des dettes + Proportion des capitaux propres dans le financement de l'entreprise × Coût des capitaux propres

Ainsi, si l'on prend une entreprise financée à moitié par de la dette et à moitié par des capitaux propres qui s'endette à 3 % et dont les actionnaires exigent un rendement de 10 %, on aura la relation :

WACC = 0,5 × 3 % + 0,5 × 10 % = 1,5 + 5 = 6,5 %.

Si l'entreprise achète des biens immobiliers uniquement à crédit avec un endettement à 3 %, on aura alors WACC = 3 %. Si l'entreprise décide de se financer uniquement en capitaux propres, le WACC augmente considérablement.

Autant le coût de la dette est une notion parfaitement objective, logique et intuitive, autant le coût des capitaux propres est une notion totalement subjective.

On peut sérieusement s'interroger sur l'utilité de calculer le WACC dans la vraie vie, puisque celui-ci ne reflète rien d'objectif à cause du coût des capitaux propres. Dès lors, pour une personne de bon sens qui veut juste acheter des actions à un prix raisonnable pour espérer gagner de l'argent, on aura plutôt la relation WACC = *bullshit*. La réalité est beaucoup plus simple :

- pour être viable, une entreprise doit pouvoir faire travailler son argent à un rendement significativement plus élevé que le coût de son endettement ;
- un actionnaire qui finance une entreprise doit s'assurer qu'elle peut faire travailler son argent avec un rendement qui lui convient.

Tout cela est parfaitement évident : d'une part, si la dette coûte plus cher que ce que le travail de l'argent emprunté va rapporter, l'entreprise risque d'avoir un problème à servir et rembourser sa dette. D'autre part, un actionnaire qui espère un rendement de 15 % par an ne devrait pas financer une entreprise qui peut faire au mieux 5 % par an avec son argent.

En pratique, le coût de la dette est une donnée intéressante à étudier et à comparer avec les différentes mesures de retour sur investissement vues précédemment. Par ailleurs, retenez simplement comme coût du capital votre objectif de rendement sur votre investissement. Ce dernier dépendra notamment de la qualité de l'entreprise et des risques que vous voyez à y investir.

Exemples

■ Le coût de la dette d'Apple

Étudions le coût de la dette d'Apple. Pour cela, on va chercher le dernier rapport annuel (formulaire 10-K) sur le site de l'entreprise ou sur celui de la SEC. On se rend dans les notes de pied de page concernant la dette, p. 61. On lit les choses suivantes :

> *La société émet des billets à ordre non garantis à court terme (« papier commercial ») dans le cadre d'un programme de papier commercial. La société utilise le produit net du programme de papier commercial pour les besoins généraux de l'entreprise, y compris les dividendes et les rachats d'actions. Au 24 septembre 2016 et au 26 septembre 2015, la société avait 8,1 milliards de dollars et 8,5 milliards de dollars de billets de trésorerie en circulation, respectivement, avec des échéances généralement inférieures à neuf mois. Le taux d'intérêt moyen pondéré des billets de trésorerie de la société était de 0,45 % au 24 septembre 2016 et de 0,14 % au 26 septembre 2015.*

Puis, dans le tableau suivant on voit le coût de chacune des souches de la dette d'Apple. La moyenne pondérée des différentes souches représente le coût de la dette d'Apple. Il n'est pas possible de le quantifier précisément, car toutes les souches ne sont pas précisément détaillées : par exemple, les souches à taux variables ont des taux d'intérêts allant de 1,08 à 3,91 % et des maturités allant de 2018 à 2043. Mais toutes ces informations nous donnent déjà une première idée.

En lisant un peu plus loin, on a l'information suivante : « La société a comptabilisé 1,4 milliard de dollars, 722 millions de dollars et 381 millions de dollars de charges d'intérêts sur sa dette à terme pour 2016, 2015 et 2014, respectivement. » Ce qui veut dire que l'endettement a coûté 1,4 Mds $ à l'entreprise en 2016. Alors, comme on sait que le montant total de la dette long terme au bilan est de 75,427 Mds $, on peut déterminer le coût de la dette long terme en divisant son coût par son montant, ce qui donne : 1,4 / 75,427 = 1,85 %.

The following table provides a summary of the Company's term debt as of September 24, 2016 and September 26, 2015:

		2016		2015	
	Maturities	Amount (in millions)	Effective Interest Rate	Amount (in millions)	Effective Interest Rate
2013 debt issuance of $17,0 billion:					
Floating-rate notes	2018	$ 2,000	1,10 %	$ 3,000	0,51 %-1,10 %
Fixed-rate 1,000 % – 3,580 % notes	2018-2043	12,500	1,08 %-3,91 %	14,000	0,51 %-3,91 %
2014 debt issuance of $12,0 billion:					
Floating-rate notes	2017-2019	2,000	0,86 %-1,09 %	2,000	0,37 %-0,60 %
Fixed-rate 1,050 % – 4,450 % notes	2017-2044	10,000	0,85 %-4,48 %	10,000	0,37 %-4,48 %
2015 debt issuances of $27,3 billion:					
Floating-rate notes	2017-2020	1,781	0,87 %-1,87 %	1,743	0,36 %-1,87 %
Fixed-rate 0,350 % – 4,375 % notes	2017-2045	25,144	0,28 %-4,51 %	24,958	0,28 %-4,51 %
Second quarter 2016 debt issuance of $15,5 billion:					
Floating-rate notes	2019	500	1,64 %	–	–
Floating-rate notes	2021	500	1,95 %	–	–
Fixed-rate 1,300 % notes	2018	500	1,32 %	–	–
Fixed-rate 1,700 % notes	2019	1,000	1,71 %	–	–
Fixed-rate 2,250 % notes	2021	3,000	1,91 %	–	–
Fixed-rate 2,850 % notes	2023	1,500	2,58 %	–	–
Fixed-rate 3,250 % notes	2026	3,250	2,51 %	–	–
Fixed-rate 4,500 % notes	2036	1,250	4,54 %	–	–
Fixed-rate 4,650 % notes	2046	4,000	4,58 %	–	–
Third quarter 2016 Australian dollar-dominated debt issuance of A$1,4 billion:					
Fixed-rate 2,650 % notes	2020	493	1,92 %	–	–
Fixed-rate 3,350 % notes	2024	342	2,61 %	–	–
Fixed-rate 3,600 % notes	2026	247	2,84 %	–	–

▶

The following table provides a summary of the Company's term debt as of September 24, 2016 and September 26, 2015:

	Maturities	2016		2015	
		Amount (in millions)	Effective Interest Rate	Amount (in millions)	Effective Interest Rate
Third quarter 2016 debt issuance of $1,4 billion:					
Fixed-rate 4,150 % notes	2046	1,377	4,15 %	–	–
Fourth quarter 2016 debt issuance of $7,0 billion:					
Floating-rate notes	2019	350	0,91 %	–	–
Fixed-rate 1,100 % notes	2019	1,150	1,13 %	–	–
Fixed-rate 1,550 % notes	2021	1,250	1,40 %	–	–
Fixed-rate 2,450 % notes	2026	2,250	2,15 %	–	–
Fixed-rate 3,850 % notes	2046	2,000	3,86 %	–	–
Total term debt		76,384		55,701	
Unamortized premium (discount) and insuance costs, net		(174)		(248)	
hedge accounting fair value adjustments		717		376	
Less: Current position of long-term debt, net		(3,500)		(2,500)	
Total term debt		$ 75,427		$ 53,329	

Considérant que le montant et le coût de la dette court terme est négligeable devant celui de la dette long terme, on peut dire que le coût de la dette d'Apple en 2016 est de l'ordre de 1,85 % (un peu moins, du fait du coût négligeable de la dette court terme). Ce processus d'analyse peut être reproduit pour n'importe quelle entreprise.

■ Le coût du capital dans le cadre d'un investissement en actions dans une société d'imprimerie aux États-Unis

Qu'il s'agisse de R.R. Donnelley, Quad Graphics, ou de plus petites maisons, ces entreprises ont des business en déclin. Seules les acquisitions de concurrents permettent de maintenir le chiffre d'affaires, mais celles-ci ont un coût. Considérant ce contexte, il est *a priori* très risqué d'investir dans ces imprimeries. Il appartient à l'investisseur de déterminer quel rendement il souhaite pour faire ces investissements.

Si l'on se dit que ces business peuvent encore continuer à générer un *cash-flow* proche de celui considéré actuellement pendant encore deux ans au moins, il fait sens d'investir en prenant un coût du capital inférieur à 50 %. Si, en revanche, l'investisseur n'en était pas convaincu, il devrait demander davantage.

Un investisseur qui pense que l'entreprise peut durer 5 à 10 ans peut demander beaucoup moins de 50 % de rendement. Il pourrait descendre jusqu'à 20 %. En deçà de 20 %, vu le métier en déclin de ces business, le coût du capital peut apparaître trop faible pour un investisseur prudent.

Ce type de raisonnement peut amener à prendre un coût du capital compris entre 25 et 50 %, selon la qualité de l'imprimeur considéré (on peut se dire que des maisons comme Donnelley et Quad tiendraient normalement plus longtemps que leurs concurrents plus petits qui auraient un coût de production unitaire plus important) et l'aversion au risque de l'investisseur.

■ Le coût du capital dans le cadre d'un investissement dans de l'immobilier (ou une société foncière) de qualité

Un bien immobilier de qualité, bien situé, qui se loue tout le temps et à très long terme offre des revenus particulièrement prévisibles. Dans un contexte de taux bas, les investisseurs, dans l'immobilier parisien par exemple, sont aujourd'hui prêts à accepter des rendements faibles, de l'ordre de 3 % nets. Un investisseur qui penserait qu'une telle situation peut durer pourrait accepter d'investir s'il espère un rendement de l'ordre de 5 % : ce serait alors son coût du capital.

Un investisseur plus exigeant (ou prudent) pourrait quant à lui demander 7 à 10 % de rendement net. Il est rare d'avoir des revenus ultra-prévisibles à des rendements très supérieurs à 10 %.

10. La moyenne sur un cycle

Nous avons vu comment calculer les retours sur investissements de l'entreprise. Il est cependant assez rare qu'une entreprise puisse produire un retour sur investissement identique et prévisible chaque année : il arrive en effet que l'on ait des contextes porteurs (ex. : coût du kérosène bas pour les compagnies aériennes), des effets de mode (il fut un temps où une certaine catégorie de clients fréquentait les entrepôts de feu-Vet Affaires, où la marque Fossil avait connu une explosion de popularité, où Michael Kors est rapidement devenue une référence dans la mode, où nous nous sommes mis à manger des biscuits bio de la marque Bjorg, etc.), une période de remplacement d'un certain type de matériel (ex. : rééquipement en tracteurs neufs ou en automobiles neuves), des cycles économiques plus ou moins favorables (boom de l'immobilier résidentiel et commercial, cycle d'expansion de crédit, etc.).

Pour tenir compte de ces effets éventuels, il est conseillé d'étudier une entreprise sur une durée représentative. Si vous vous amusez à relever sur une longue période les retours sur investissement d'Air Liquide et du Bélier par exemple, vous pourrez constater que si les retours sur investissement d'Air Liquide bougent assez peu, ceux du Bélier peuvent varier très fortement, si bien que se prononcer sur la bonne grandeur à retenir pour ce dernier sur l'ensemble d'un cycle est tout sauf évident.

Lorsque nous essayons d'évaluer une entreprise, il est important de pouvoir travailler à partir d'une hypothèse avec laquelle nous nous sentons à l'aise concernant le retour sur investissement que les actifs de l'entreprise sont susceptibles de générer. En l'absence d'une idée sur la question, nous risquons de surévaluer l'entreprise.

C'est la moyenne sur un cycle des retours sur investissement d'un actif qui déterminera sa capacité à générer du cash et sa valeur (nous y reviendrons). En effet, un actif productif ne vaut jamais que le cash qu'il est susceptible de générer à son propriétaire dans le temps, ramené en valeur d'aujourd'hui.

11. La marge brute et la marge opérationnelle

La marge brute

La marge brute est définie par la différence entre les ventes et les coûts nécessaires pour faire ces ventes. Dit autrement, il s'agit de la différence entre le chiffre d'affaires et le coût des achats consommés nécessaires à la réalisation dudit chiffre d'affaires.

La marge brute s'exprime généralement en pourcentage du chiffre d'affaires. Ainsi, un distributeur qui fait 100 M€ de ventes et dont le coût des marchandises vendues est de 80 M€, réalise une marge brute de 20 M€. Celle-ci représente 20 % du chiffre d'affaires.

La marge opérationnelle

En soustrayant de la marge brute (en montant absolu) les coûts commerciaux et administratifs, on obtient le résultat opérationnel (ROC ou REX ou EBIT). En divisant le résultat opérationnel par le chiffre d'affaires, on obtient la marge opérationnelle. On l'exprime généralement en pourcentage du chiffre d'affaires.

Quel niveau de marge viser ?

C'est une question qui ressort souvent mais, en réalité, si le business est viable, c'est tout à fait indifférent. Choisir de fonctionner avec de faibles marges est parfois même un choix stratégique délibéré et intelligent (c'est ainsi, par exemple, que Costco a conquis son marché).

Beaucoup d'attention est traditionnellement consacrée à la notion de marge en analyse financière lors de l'analyse et de l'évaluation d'un business et plus généralement au compte de résultat. Dans le cadre de notre approche de l'investissement, nous ne partageons pas particulièrement ces préoccupations : en effet, nous avons déjà vu qu'un business utilise son capital pour construire ou acquérir des actifs productifs, qui vont générer du cash. C'est le retour sur investissement normalisé d'un actif qui déterminera sa juste valeur. C'est d'ailleurs pour cela que j'ai insisté dans les sections sur les calculs de ROI sur de longues périodes.

Dans le cadre d'une telle démarche, la notion de marge pourrait presque ne pas intervenir, puisqu'on n'en parle à aucun moment. En effet, supposez que nous ayons affaire à un business d'abonnement autofinancé comme

Gaia : alors, si l'entreprise n'a pas d'ambition de croissance, il n'y a pas besoin de capital pour développer le business, puisque celui-ci est financé par les clients qui paient leur abonnement avant de le consommer. Le retour sur investissement normalisé est donc infini indépendamment de la marge, à condition qu'elle soit simplement positive (attention, tout cela tient uniquement si le business génère suffisamment de cash pour s'autofinancer).

De même, l'acquisition d'un bien immobilier locatif 100 % financée à crédit crée un retour sur investissement infini pour son acquéreur pour peu que le bien soit autofinancé, indépendamment de la marge qui reste sur les loyers (il suffit qu'elle soit suffisante pour couvrir les frais de fonctionnement).

Ces exemples permettent de sentir que la marge n'est pas le nerf de la guerre dans le cadre de notre approche de l'analyse et de l'investissement.

L'utilité de la marge

La marge n'est pas utile si la génération de cash par le mécanisme du retour sur investissement peut être maintenue dans le temps… Mais cela est loin d'être toujours gagné. Et c'est justement pour cette raison que nous regardons tout de même les marges. Pour qu'un retour sur investissement (ROI) puisse être durablement maintenu, il faut que le business étudié dispose d'un avantage compétitif durable. Or, il n'est pas évident de se prononcer sur la question.

Par exemple, est-ce que L. Brands et sa marque phare Victoria Secret ont un avantage compétitif durable ? Ou est-ce que l'enseigne jouit simplement d'un effet de mode (un peu long dans le temps) ?

Si nous sommes dans le premier cas, elle pourra maintenir son ROI dans le temps, autrement, l'investisseur doit pouvoir se faire une idée du ROI normalisé du business, ce qui est loin d'être une tâche évidente (si ce n'est impossible). Et c'est là que la marge peut aider.

En effet, imaginons que nous ayons deux entreprises, A et B, qui génèrent un million d'euros de cash par an tous les ans avec un ROI similaire et satisfaisant (disons 20 %). En supposant que ces deux entreprises peuvent rendre tous les ans la totalité du cash qu'elles génèrent à leurs actionnaires, et qu'elles peuvent maintenir cette génération de cash dans le temps, alors il est intuitivement évident que ces business ont strictement la même valeur pour un actionnaire. Autrement dit, on peut indifféremment posséder A ou B et en espérer le même rendement si on paie exactement le même prix.

Supposons maintenant que A et B génèrent leur cash à partir d'un résultat opérationnel de 1,5 M€. Supposons de plus que A génère ce résultat opérationnel avec une marge opérationnelle de 10 % tandis que B le fait avec une marge opérationnelle de 1 %. Supposons enfin qu'à la suite d'une hausse des coûts de fonctionnement, par exemple une inflation des salaires (on pourrait aussi raisonner avec un ralentissement de l'activité à coûts constants), chacun de ces business perde un point de marge opérationnelle.

L'entreprise A se retrouve alors avec une marge opérationnelle de 9 %, ce qui lui permet de générer un résultat opérationnel de 1,35 M€. Si le ROI était pleinement satisfaisant lorsque le business générait 1,5 M€, il est presque aussi satisfaisant malgré cette contrariété (il passe de 20 à 18 %). Cela signifie que si un investisseur avait tablé sur un ROI de 20 % pour le business dans sa thèse d'investissement, il n'est pas trop atteint par la mésaventure du business et s'en sort encore avec un ROI décent.

L'investisseur dans l'entreprise B sera quant à lui beaucoup plus contrarié : en effet, sa marge passe à zéro, son résultat et son ROI aussi. S'il avait tablé sur un ROI de 20 %, il devra peut-être revoir son investissement (sauf si les difficultés du business sont temporaires).

Ainsi, par cet exemple, on voit qu'avoir des marges opérationnelles élevées permet à un business de maintenir plus facilement son ROI dans le temps. Une fois encore, une marge élevée n'est pas forcément nécessaire pour maintenir un ROI élevé (*cf.* Costco et Walmart, par exemple), mais il faut être sûr que le ROI puisse être maintenu. Si l'on n'en a pas la certitude, avoir une marge élevée peut servir de protection.

Les limites de la marge brute

La marge brute a beaucoup moins d'utilité que la marge opérationnelle. Déjà, l'actionnaire ne bénéficie à aucun moment des fruits de la marge brute, sauf si le business n'a pas de coûts autres que ceux des marchandises vendues : cette marge est en effet utilisée en premier lieu pour payer les coûts commerciaux et administratifs. Et même si le business a peu de coûts à part ceux des marchandises vendues, cela se verra de toute façon dans la marge opérationnelle.

Par ailleurs, comme le compte de résultat n'est pas forcément standardisé, les postes de coûts ne sont pas strictement délimités. Ainsi, il peut arriver que certains éléments qui représentent des coûts de marchandises vendues dans une entreprise se retrouvent dans les coûts commerciaux dans une autre entreprise et vice-versa, y compris dans un même secteur. La marge brute a de ce fait une utilité assez limitée. Elle est cependant intéressante dans certains cas, notamment celui où elle est très élevée dans une société à forte croissance. Il arrive fréquemment alors que la force de la marge brute ne se retrouve pas encore dans la marge opérationnelle pour diverses raisons (les investissements dans la croissance notamment), et la marge brute permet ainsi d'entrevoir jusqu'où la marge de l'entreprise pourrait progresser.

Si l'on considère l'exemple de Gaia, la marge brute est supérieure à 85 %, mais la marge opérationnelle est négative pour plusieurs raisons : d'une part, le business passe des investissements dans la croissance de ses abonnés dans son compte de résultat, d'autre part, son échelle est encore assez limitée. Mais on peut tout de même se dire que la marge opérationnelle ne sera pas éternellement négative.

12. Le management peut se tromper !

Voici un épisode qui s'est produit chez la société Hewlett Packard (HP). En 2010, Léo Apotheker arrive aux commandes de l'entreprise. À son arrivée, l'entreprise se met à raconter l'histoire suivante : il est de plus en plus difficile de vendre du matériel, mais on a trouvé la solution – vendre des services aux entreprises.

HP se lance alors dans une série d'acquisitions à plusieurs milliards de dollars, qui culmine en 2011 avec l'acquisition d'Autonomy pour 11,7 Mds $. Le PDG déclare alors : « Autonomy représente l'opportunité d'accélérer notre vision stratégique, qui consiste à devenir leader dans un marché vaste et en croissance. Autonomy apporte à HP des solutions d'entreprise à plus haute valeur ajoutée, qui vont aider nos clients à gérer l'explosion de l'information [...] et créer de la valeur pour nos actionnaires. »

Or, quand on regarde le bilan de Hewlett-Packard tout de suite après l'intégration d'Autonomy, on voit que :

- le cash baisse ;
- les dettes augmentent ;
- les seuls actifs en croissance sont ceux dont on ne peut pas mesurer véritablement la valeur (les fameux « *goodwill* » et autres intangibles) !

ASSETS *(in million €)*	**31/10/2011**	**31/07/2011**
Current assets		
Cash and cash equivalents	8,043	12,953
Accounts receivable	18,224	18,121
Financing receivables	3,162	3,167
Inventory	7,490	7,427
Other current assets	14,102	14,611
Total current assets	**51,021**	**56,279**
Property, plan and equipment	12,292	11,959
Long-term financing receivables and other assets	10,755	11,178
Goodwill	44,551	38,772
Purchase intangible assets	10,898	6,729
TOTAL ASSETS	**129,517**	**124,917**

Cash : – 4,9 Mds

Goodwill : + 5,8 Mds
Intangibles : + 4,2 Mds

LIABILITIES AND STOCKHOLDERS' EQUITY *(in million €)*	**31/10/2011**	**31/07/2011**
Current liabilities		
Notes payable and short-term borrowings	8,083	6,666
Accounts payable	14,750	14,489
Employee compensation and benefits	3,999	3,728
Taxes on earnings	1,048	788
Deferred revenue	7,449	7,390
Accrued restructuring	654	763
Other accrued liabilities	14,459	15,114
Total current liabilities	**50,442**	**48,938**
Long-term debt	22,551	19,030

Dettes financières à court terme : + 1,4 Mds

Dettes financières à long terme : + 3,5 Mds

Les états financiers de l'entreprise contredisent donc les déclarations de Léo Apotheker : l'acquisition d'Autonomy ne génère en réalité aucun cash pour l'entreprise. Et ce qui devait arriver arriva :

- Léo Apotheker a rapidement été débarqué (il est resté en poste moins d'un an) ;
- en 2012, Hewlett-Packard a passé une dépréciation de 8,8 Mds $ sur la valeur d'Autonomy.

8,8 Mds $ appartenant aux actionnaires sont donc partis en fumée ! À ceux-là, il faut rajouter 5 autres milliards pour de précédentes acquisitions elles aussi ratées... Loin de créer de la valeur, les acquisitions du CEO ont considérablement appauvri les actionnaires de l'entreprise.

Le bilan permet de vérifier la situation financière réelle de l'entreprise. Ne croyez pas sur parole les déclarations du management ! Ouvrez le bilan de l'entreprise et faites-vous votre propre avis.

8 La valorisation

1. La capitalisation boursière et la valeur d'entreprise

Le calcul d'une capitalisation boursière

La première étape est de connaître le prix à payer pour l'entreprise que vous convoitez. C'est ce qu'on appelle la capitalisation boursière. Pour cela :

1. rendez-vous sur un site de Bourse : *Yahoo Finance*, *Google Finance*, *Boursorama*, *Zone Bourse*, *Morningstar*, etc. ;
2. regardez le prix de cotation de l'action qui vous intéresse. Par exemple, l'action Gaia cote à 10,4 $ au moment de l'écriture de ce texte ;
3. allez chercher le nombre d'actions de l'entreprise, soit dans son dernier rapport (trimestriel/semestriel ou annuel, selon le cas), soit dans les informations réglementées (en France, le nombre d'actions composant le capital de l'entreprise est publié régulièrement).

Pour Gaia, on peut regarder le bilan dans le formulaire 10-K (rapport annuel) de 2016. On y lit qu'il y a 9 752 531 actions de classe A et 5 400 000 actions de classe B en circulation au 31 décembre 2016.

Il y a donc 15 152 531 actions en circulation au total. Multipliez le nombre d'actions en circulation par le prix de l'action pour obtenir la capitalisation boursière de l'entreprise. Pour Gaia, on a : 15 152 531 × 10,4 = 157 586 322 $.

C'est donc le prix à payer pour acquérir toutes les actions de Gaia en Bourse (à condition de pouvoir toutes les acheter). À ce prix, on acquiert tous les actifs de l'entreprise et toutes ses dettes.

La notion de valeur d'entreprise

Pour tenir compte des liquidités et des dettes au bilan de l'entreprise et déterminer le prix à payer pour les opérations d'une entreprise indépendamment de sa situation d'endettement, on peut introduire la notion de valeur d'entreprise en Bourse. Je précise ici en Bourse car cette valeur n'a possiblement rien à voir avec la valeur intrinsèque de l'entreprise (sauf si le marché la valorise correctement).

En effet, lorsqu'on acquiert tous les actifs d'une entreprise, on ne paie pas son cash en excès sur ses besoins opérationnels à périmètre constant (puisqu'on peut le rendre à ses actionnaires et continuer à fonctionner normalement). En revanche, l'entreprise doit toujours servir ses créanciers avant ses actionnaires, ce qui signifie que ceux qui prêtent à l'entreprise jouissent de son patrimoine avant les actionnaires.

La valeur de l'entreprise en Bourse est couramment dénommée VE (ou EV pour *enterprise value* en anglais) et se calcule selon la formule :

VE = Capitalisation boursière – Cash en excès sur les besoins opérationnels + Dette financière (que nous calculons toujours en incluant les provisions)

Cette formule traduit bien tous les éléments mentionnés ci-avant. Appliquons-la à Gaia. Pour cela, on va regarder si Gaia a du cash et des dettes financières dans son bilan. Au 31 décembre 2016, l'entreprise a 54 027 000 $ de cash et n'a pas de dettes financières.

Le cash est-il en excès à périmètre constant ? Cette question demande une compréhension de l'activité de Gaia. Si l'on pense que l'entreprise pourrait fonctionner sans croissance et sans se servir de ce cash, alors la réponse est affirmative. Autrement, il faut calculer de combien de cash Gaia aurait besoin pour fonctionner et déduire ce montant du cash au bilan.

A priori, Gaia serait profitable si elle ne faisait pas de croissance, donc le cash est sans doute en excès sur ses besoins opérationnels à périmètre constant. Si c'est bien le cas, le cash peut être déduit dans le calcul de la valeur d'entreprise. On obtient alors :

VE = Capitalisation boursière – Cash
= 157 586 322 – 54 027 000 = 103 559 322 $

Concrètement, il s'agit du prix à payer pour les opérations de Gaia, indépendamment du fait que l'entreprise a du cash en excès sur ses besoins opérationnels au bilan.

Études de cas

On se propose de calculer la capitalisation boursière et la valeur d'entreprise d'Air Liquide puis celles de CNIM.

■ Air Liquide

Au moment de l'écriture de ce texte, nous avons ce qui suit :

- cours : 108,45 € ;
- nombre d'actions : 388 917 200 ;
- capitalisation boursière (produit des deux) : 42,18 Mds€ ;
- dette financière court terme : 2 001 M€ ;
- dette financière long terme : 14 890 M€ ;
- provisions court terme : 280 M€ ;
- provisions long terme : 2 592 M€ ;
- cash : 1 523 M€.

Nous considérons que le cash d'Air Liquide est en excès sur les besoins opérationnels de l'entreprise, car elle génère du cash depuis très longtemps avec ses actifs.

Dette nette = Dettes financières + Provisions – Cash
= 18,24 milliards d'euros

VE = Capitalisation boursière + Dette nette = 60,42 Mds€

■ CNIM

Au moment d'écrire ces lignes, nous savons :

- cours : 126,11 € ;
- nombre d'actions : 3 028 110 ;
- capitalisation boursière (produit des deux) : 381,87 M€ ;
- passif financier courant : 10 117 000 € ;
- dette financière long terme : 15 853 000 € ;
- provisions courantes : 59 384 000 € ;
- provisions non courantes : 36 274 000 € ;
- provisions pour engagements de retraite : 30 879 000 € ;
- cash : 183 704 000 €.

Le cash est-il en excès sur les besoins opérationnels de l'entreprise ? *A priori*, pas totalement, car on relève au bilan 157 888 000 € de produits constatés d'avance et 20 725 000 € d'avances et acomptes sur commandes.

Cela sous-entend que du cash a été versé en avance de la réalisation pour certains chantiers de CNIM.

CNIM ne récupérera pas la totalité des montants versés en avance par ses clients : elle n'en aura *a priori* que la marge. Ainsi, il y a 157 888 K€ + 20 725 K€ = 178 613 K€ de cash qui est sur les comptes de CNIM, alors qu'il sera sorti pour réaliser ses chantiers.

Les marges historiques du groupe sont très faibles (le lecteur curieux pourra faire le travail de calcul). Par excès de prudence, on peut déduire la totalité du montant de ce cash versé d'avance. En faisant cela, nous obtenons :

Cash en excès = Cash – 178 613 K€
= 5 091 K€

D'où :

Dette nette = Somme des dettes – Cash en excès
= 152 507 – 5 091
= 147 416 K€

Et donc :

VE = Capitalisation boursière + Dette nette
= 381 870 + 147 416
= 529,28 M€

Si les notions de capitalisation boursière (prix à payer pour l'entreprise en Bourse) et de valeur d'entreprise (prix à payer pour les opérations de l'entreprise) sont simples à définir et comprendre, elles ne sont pas toujours simples à calculer.

Même ces choses-là peuvent nécessiter de comprendre l'activité de l'entreprise et d'analyser ses opérations avant même de pouvoir les déterminer.

2. La capacité bénéficiaire et les multiples de valorisation

Maintenant que nous avons vu comment calculer une capitalisation boursière et une valeur d'entreprise, nous pouvons discuter de l'évaluation d'entreprise en commençant par la méthode d'évaluation d'une entreprise par les multiples de sa capacité bénéficiaire.

Quelques généralités sur l'évaluation d'une entreprise

Avant cela, précisons que, de manière générale, une entreprise vaut le cash qu'elle est susceptible de générer pour ses actionnaires au cours du temps, qu'il convient de ramener en valeur d'aujourd'hui. C'est ce cash qui va lui permettre de construire son patrimoine dans le temps (qui vous appartient en tant qu'actionnaire à la hauteur de votre part dans l'entreprise) et/ou de vous payer (à travers des dividendes et/ou des rachats d'actions). Le but des différentes méthodes d'évaluation qui existent est d'estimer la juste valeur d'une entreprise à travers différentes hypothèses.

La méthode la plus utilisée dans le milieu financier pour le faire est celle du *cash-flow* actualisé ou DCF (que vous pouvez regarder en détail sur Internet si elle vous intéresse) : elle consiste à estimer le *cash-flow* annuel de l'entreprise sur une longue période à venir (à l'infini en fait), puis à le ramener en valeur d'aujourd'hui par un processus d'actualisation, puis à en faire la somme.

Cette méthode du DCF (*Discounted Cash-Flow*), si elle est mathématiquement élégante et se veut exacte, me semble inutilisable en pratique : en effet, par définition, l'avenir est inconnu et, si l'on en est convaincu, estimer précisément un *cash-flow* annuel sur les années à venir en allant jusqu'à l'infini a peu de sens. De plus, il faut choisir un taux d'actualisation pour ramener ce *cash-flow* en valeur d'aujourd'hui, ce qui est tout sauf évident... Faire une somme infinie de tous ces éléments est donc *a priori* un exercice très périlleux, sauf dans les très rares cas où l'on a une entreprise extrêmement prévisible (encore faut-il le savoir à l'avance).

Heureusement, il existe d'autres méthodes (qui restent bien sûr approximatives) basées sur le bon sens pour avoir une idée de la juste valeur d'une entreprise.

La valorisation d'une entreprise par un multiple de ses bénéfices

Dans le chapitre précédent, nous avons vu les notions de résultat net, d'EBIT, d'EBITDA-Capex et de *free cash-flow*. Nous nous en servirons tout au long de cette section.

Le rationnel de la méthode de valorisation d'une entreprise par un multiple de ses bénéfices est le suivant : si le résultat net reflète la création de valeur pour les actionnaires de l'entreprise (attention : hypothèse potentiellement forte qui doit être dûment vérifiée), alors la juste valeur de l'entreprise est un multiple de ses bénéfices.

Quel est le juste multiple à retenir ? Il s'agirait, en toute rigueur, de celui que donnerait la méthode du DCF avec des hypothèses justes, ce qui revient à prendre des hypothèses sur les taux de croissance de l'entreprise et le taux d'actualisation.

Mais tout cela est inutilement compliqué. Je suggère de prendre simplement le rendement qui vous conviendrait pour investir dans l'entreprise au vu de ses perspectives. Voyons quelques exemples.

Supposons que nous ayons une entreprise qui génère un bénéfice de 10 € par action. Supposons aussi que, de manière générale, nous cherchions à faire un rendement locatif (pour faire une analogie avec l'immobilier) de 10 % sur nos investissements en actions. Alors, très simplement, nous serions *a priori* contents de payer l'entreprise considérée jusqu'à 100 € par action pour avoir un bénéfice qui représente un rendement de 10 € (soit 10 %).

Ensuite, supposons que l'entreprise ait un bénéfice en croissance. Alors on obtiendrait au prix de 100 € une entreprise qui nous donnerait un rendement supérieur à notre objectif. Et plus la croissance est forte, plus nous pouvons envisager de payer cher pour acquérir des actions de cette entreprise. Par exemple, une entreprise dont le bénéfice croîtrait de 24 % par an doublerait son profit tous les trois ans, ce qui veut dire que quelqu'un qui paierait 200 € pour une entreprise avec un bénéfice par action de 10 € (soit un rendement de 5 % sur le bénéfice) verrait le bénéfice passer à 20 € par action trois ans plus tard (soit un rendement de 10 % sur le bénéfice) et à 40 € par action six ans plus tard (soit un rendement de 20 % sur le bénéfice).

Si une telle perspective de rendement apparaît satisfaisante pour un investisseur (et s'il est sûr de ce potentiel de croissance pour de bonnes raisons), il fait alors une bonne affaire en se contentant d'un rendement de 5 % la première année de son investissement et ce, même s'il vise normalement 10 % sur ses investissements boursiers.

Inversement, s'il semble que le bénéfice est sur une tendance baissière, l'investisseur qui cherche un rendement de 10 % par an aura intérêt à rehausser ses exigences de rendement la première année. S'il pense par exemple que les profits actuels sont susceptibles d'être maintenus au mieux pendant trois ans et qu'ils représenteront une fraction de ceux d'aujourd'hui ensuite, alors il a intérêt à exiger un rendement très élevé sur le bénéfice actuel, par exemple un rendement de 40 à 50 %. S'il exige par exemple un rendement minimum de 50 %, alors il doit payer au plus 20 € pour une entreprise avec un bénéfice de 10 € par action.

Comme le sujet est assez subjectif et que je ne veux pas tomber dans la fausse précision ou dans l'exhaustivité, je m'arrêterai là dans cette explication. L'essentiel est de retenir qu'un « bon » multiple de bénéfice pour valoriser une entreprise (uniquement valable si le bénéfice approche dans le temps la valeur créée par l'entreprise pour ses actionnaires) est construit à partir du rendement qu'un investisseur est susceptible de rechercher pour un investissement donné. Il convient ainsi de :

- ne pas être trop exigeant si l'investissement est particulièrement sûr (pour repère, les obligations américaines à 10 ans ont, au moment de l'écriture, un rendement inférieur à 3 % : il semble prudent de rester au-dessus de ce seuil mais de ne pas demander 20 % pour un rendement très sûr pour autant) ;
- prendre en compte le taux de croissance des bénéfices dans son exigence de rendement. On peut par exemple exiger 10 % de rendement sur le bénéfice actuel d'une entreprise sans perspectives de croissance de son bénéfice et se contenter de 4 % de rendement sur le bénéfice actuel d'une entreprise avec des perspectives de très forte croissance de son bénéfice.

À noter

En toute rigueur, une croissance forte seule ne suffit pas. Il faut aussi que la croissance soit rentable, c'est-à-dire qu'elle coûte moins que ce qu'elle rapporte ! Ce sujet n'est pas forcément du ressort d'un investisseur débutant et n'est pas traité en détail car c'est à regarder au cas par cas. Voici tout de même une astuce utile pour détecter une croissance non rentable : il faut se poser sérieusement la question lorsque la situation financière d'une entreprise se dégrade significativement alors que son bénéfice est en croissance. Cela peut être vu sans difficulté avec les outils de calcul de dette éventuellement couplés avec l'analyse des composantes du BFR.

Le PER

■ Un ratio de valorisation de référence

Le ratio de valorisation le plus connu en Bourse est sans doute le PER (*Price Earnings Ratio*), dénommé cours/bénéfices en français. La dénomination française de ce ratio donne la formule pour le calculer : il suffit de diviser le cours de l'action par le dernier bénéfice par action.

De manière équivalente, on peut diviser la capitalisation boursière par le dernier bénéfice de l'entreprise.

L'inverse du PER, ou rendement sur bénéfice, donne le rendement de l'investissement au cours actuel par rapport au dernier bénéfice publié de l'entreprise.

On peut utiliser indifféremment le PER ou le rendement sur bénéfice pour avoir une idée de la valorisation d'une entreprise par le marché. Ainsi, un PER de 10 signifie que le cours d'une entreprise représente 10 fois son bénéfice ou, inversement, que son rendement sur bénéfice est de 10 %.

En comparant le rendement sur bénéfice offert par l'entreprise à celui que vous en attendez si vous voulez y investir, vous pouvez décider si elle est au bon prix pour vous.

Calculons par exemple le PER et le rendement sur bénéfice d'Apple.

Le cours d'Apple est de 143,27 $ au moment de l'écriture de ce texte. Le bénéfice dilué par action d'Apple est disponible dans son compte de résultat 2016 et s'élève à 8,31 $. En divisant le cours de 143,27 $ par le bénéfice par action de 8,31 $, on obtient un PER de 17,24.

Le rendement sur bénéfice s'obtient en prenant l'inverse de ce chiffre. Le rendement sur bénéfice de 2016 est donc de 5,8 %. Ainsi, un investisseur dans Apple devrait théoriquement se demander si un rendement de 5,8 % sur le bénéfice 2016 lui convient au vu des idées qu'il se fait des perspectives de l'entreprise.

Mais ce raisonnement n'est pas correct en pratique dans la mesure où l'on ne tient pas compte de la situation financière de l'entreprise. Il ne serait juste que si l'on avait une société financièrement solide, capable de maintenir constant son endettement dans le temps. Il n'est pas exact pour une société en difficulté financière, ou qui a au contraire trop de liquidités en excès sur ses besoins opérationnels. C'est l'une des grandes limitations de ce ratio.

En soi, cette limite n'est pas trop grave dans la mesure où l'on a normalement déjà vérifié la solidité financière de l'entreprise avant de procéder à ce type de raisonnement.

■ Le PER ajusté

Les actifs d'une entreprise ne sont jamais que la réunion de ses actifs financiers nets en excès sur ses besoins opérationnels et de ses actifs opérationnels nets. Ainsi, il suffit de valoriser séparément les actifs financiers d'une entreprise en excès sur ses besoins opérationnels et ses actifs opérationnels. Pour ce faire, on compte le cash, les dettes financières et provisions d'un côté, et on s'intéresse au bénéfice généré par les opérations de l'autre.

Reprenons l'exemple d'Apple. Ses actifs financiers au bilan sont les suivants :

- cash : 20,5 Mds $;
- *short-term marketable securities* : 46,7 Mds $;
- *long-term marketable securities* : 170,4 Mds $;
- soit au total : 237,6 Mds $ d'actifs financiers.

En face de ces actifs, nous avons des dettes à déduire :

- *current portion of long-term debt* : 3,5 Mds $;
- *long-term debt* : 75,4 Mds $.

Ce qui nous donne un actif financier net de dettes de 158,7 Mds $.

À noter

Cette évaluation est sans ambigüité en soi si on ne tient pas compte du fait que le cash à l'étranger devrait être taxé s'il était rapatrié. De plus, Apple fonctionne avec un BFR négatif ce qui, en cas de ralentissement de son activité, pourrait demander une utilisation de son cash.

Un investisseur non expérimenté pourrait avoir quelques difficultés à traiter ces points, même sur une entreprise dont les états financiers sont simples en apparence. Mais ce type de subtilités peut être résolu avec un mélange de bon sens et de ténacité.

Pour ne pas faire dans la fausse précision, on peut supposer qu'une centaine de milliards de cash au bilan d'Apple est en excès sur ses besoins opérationnels. Retenons le chiffre de 100 milliards de dollars pour la suite.

En divisant ce montant par le nombre moyen d'actions dilué en circulation sur 2016 (donné dans le compte de résultat) qui s'élève à 5,5 milliards, nous obtenons un actif financier en excès sur les besoins opérationnels d'Apple de 100/5,5 = 18,18 $ par action.

En déduisant ce montant du prix à payer pour acquérir les opérations d'Apple, nous obtenons au cours de 143,27 $ par action un montant de 143,27 – 18,18 = 125,09 $.

Ce montant doit être rapporté au bénéfice généré par les opérations de l'entreprise, ce qui sous-entend que nous devons exclure les produits et charges financières de l'entreprise en toute rigueur (puisque nous les avons déjà valorisées dans la juste valeur de l'actif financier net en excès sur les besoins opérationnels, il faut éviter le double comptage).

Chez Apple, comme la majorité du résultat est opérationnel (60 milliards d'EBIT contre 1,3 milliards de résultat financier net), on peut travailler avec le résultat net comme approximation. Cela nous donne un PER ajusté de 125,09 (le vrai prix à payer pour les opérations d'Apple)/8,31 (le bénéfice net par action d'Apple choisi pour approximer le bénéfice des opérations après impôt) = 15,05.

Un PER ajusté de 15,05 signifie donc que l'investisseur qui achète aujourd'hui des actions Apple au cours de 143,27 $ a en fait un rendement de 1/15,05 = 6,64 % sur les opérations de l'entreprise et non de 5,8 %, à condition que les actifs financiers bénéficient effectivement à l'investisseur (ce qui semble être le cas puisque l'entreprise paie des dividendes et rachète des actions avec une partie de son cash).

Ainsi, un investisseur qui souhaite acheter des actions Apple peut se poser la question suivante : quelles sont mes perspectives pour le bénéfice d'Apple (faire une moyenne sur une longue période peut aider à se faire une idée, mais ce n'est pas toujours pertinent) ? Au vu de ces perspectives et de mes ambitions, est-ce qu'un rendement de 6,64 % sur les opérations de l'entreprise me convient ?

■ Le cas d'une entreprise endettée

Dans tous les cas, si l'investisseur débutant a le moindre doute sur la solidité financière de l'entreprise étudiée, il serait avisé de passer son chemin. L'investisseur expérimenté serait sans doute tout aussi avisé de prendre exemple sur son homologue, même s'il peut parfois faire quelques exceptions (à condition d'avoir de vraies bonnes raisons – ce qui est loin d'être évident à déterminer).

Pour une entreprise modestement endettée, il est intéressant de se demander si elle peut maintenir son niveau de dette à très long terme et la rembourser uniquement en émettant une autre dette. Attention cependant, seules de très bonnes entreprises, celles qui rentrent du cash sur de très longues périodes, peuvent se permettre ce luxe.

Si jamais c'est le cas (et, une fois encore, ce cas n'est pas une généralité), alors tous les bénéfices que l'entreprise génère iront à l'actionnaire. Autrement dit, la dette ne représentera jamais une sortie de cash aux dépens des actionnaires, mais un simple coût. Cela veut dire que le PER est alors un ratio pertinent et la méthode d'évaluation par rapport au rendement sur bénéfice désiré s'applique bien.

Si la dette de l'entreprise doit être remboursée, alors la sortie de cash correspondante n'ira pas aux actionnaires. Le montant de la dette doit être ajouté au prix à payer pour acquérir l'entreprise puisque celle-ci sera justement payée avec les bénéfices. Le raisonnement à faire est très similaire à celui décrit pour Apple, mais on ajoutera la dette nette à la capitalisation boursière de l'entreprise au lieu d'en déduire le cash excédentaire.

■ Améliorer le calcul du PER et le rendement sur bénéfice

Toutes les entreprises du monde ne sont pas toujours en croissance. Aussi, il faut parfois faire attention aux pics de bénéfice : il est recommandé de retenir un bénéfice susceptible de refléter le rendement de l'investissement à l'avenir pour éviter les mauvaises surprises liées à un seul bénéfice exceptionnellement élevé.

Penser à moyenner le bénéfice sur une longue période peut être pertinent, ne serait-ce que pour se faire une idée des perspectives de rendement en cas de retour à la moyenne et/ou moyenner les bénéfices d'une entreprise cyclique.

■ Les autres ratios dérivés du PER

Comme nous l'avons vu, il est possible de partir d'une valeur d'entreprise au lieu de partir de son prix ou de sa capitalisation boursière.
La valeur d'entreprise (VE) tient compte de la structure du bilan, que l'entreprise soit en position de cash net ou de dette nette. Elle part du principe que la dette doit toujours être remboursée et inclue dans le prix à payer pour l'entreprise, ce qui est une approche conservatrice. On obtient par ce calcul le prix à payer pour les opérations de l'entreprise uniquement, indépendamment de la structure financière de celle-ci.

On peut rapporter le cash généré par les opérations de l'entreprise à cette grandeur pour calculer le rendement obtenu par l'actionnaire sur les opérations au prix considéré.

Il est courant de raisonner avec l'EBIT (résultat opérationnel) ou l'EBITDA-Capex (plus rigoureux) pour approximer la génération de cash par les opérations. La grandeur VE/EBIT ou VE/(EBITDA-Capex) donne alors un équivalent du PER. Simplement, on raisonne ici en rendement avant intérêts et impôts au lieu de raisonner en rendement réellement perçu par l'actionnaire après paiement des intérêts et des impôts. L'avantage de raisonner ainsi est d'avoir une grandeur très simple à calculer avec les données des états financiers.

Reprenons l'exemple d'Apple. Nous avons :

VE = Capitalisation boursière (Nombre d'actions dilué × Cours)
– Cash en excès sur les besoins opérationnels de l'entreprise
= 5,5 millions × 143,27 $ – 100 milliards $
= 688 Mds $ environ

L'EBIT est de 60 milliards (*cf.* compte de résultat).

Nous avons donc VE/EBIT = 688/60 = 11,47, ce qui donne un rendement sur l'EBIT (en termes de VE) de 8,72 %.

À noter

Sachant qu'Apple n'a pas de dette, en prenant un taux de taxation de 25 % en cohérence avec le compte de résultat, on obtient un rendement effectif après taxes de 6,54 %, ce qui est cohérent avec le rendement du PER ajusté. Le très faible écart s'explique par l'incidence du résultat financier qui n'avait pas été retraité au moment du calcul du PER ajusté.

On peut faire le même type de calcul avec EBITDA-Capex.

■ Mise en pratique

Apple

Calculer le ratio VE/(EBITDA-Capex) d'Apple et le rendement avant intérêts et taxes associé.

Le calcul de l'EBITDA-Capex d'Apple a été fait dans la section consacrée à ce sujet. Il s'élève à 57 milliards de dollars.

Nous avons donc VE/(EBITDA-Capex) = 688/57 = 12,07, ce qui donne un rendement avant intérêts et taxes de 8,285 %.

Air Liquide

Calculer et commenter le PER d'Air Liquide et le rendement sur bénéfices associé. Puis faire de même avec les ratios VE/EBITDA et VE/EBITDA-Capex.

Dans la section précédente, nous avions calculé la capitalisation boursière et la VE d'Air Liquide. Nous avions :

Capitalisation boursière = 42,18 Mds €
VE = 60,42 Mds €

Le bénéfice part du groupe publié en 2016 est de 1,844 Mds€, l'EBIT est de 3,024 Mds€, les D&A sont d'environ 1,6 Mds€, l'EBITDA est donc de 4,624 Mds€, le Capex est de 2,26 Mds€, et donc l'EBITDA-Capex est de 2,364 Mds€.

Il en ressort :

- PER = capi/bénéfice = 42,18/1,844 = 22,87, ce qui signifie que, si l'on se fie à ce ratio, l'investisseur qui achèterait l'action Air Liquide devrait se contenter d'un rendement de 4,37 % sur bénéfice. Il doit par ailleurs trouver que l'entreprise a une santé financière satisfaisante pour y investir en toute quiétude ;
- VE/EBIT = 60,42/3,024 = 19,98, soit un rendement avant intérêts et taxes de 5 % et VE/EBITDA-Capex = 60,42/2,364 = 25,56, soit un rendement avant intérêts et taxes de 3,91 %.

Selon ce que l'on retient pour approximer le cash généré par les opérations avant intérêts et taxes, le rendement en termes de cette génération de cash rapportée à la VE est compris entre 3,91 et 5 %. Un investisseur qui souhaiterait acheter des actions Air Liquide doit donc être prêt à se contenter de ces rendements au cours actuel et être satisfait de ses perspectives de croissance dans le temps.

À noter

Le rendement sur bénéfice obtenu en inversant le PER (donc après intérêts et taxes) est similaire en ordre de grandeur à celui obtenu pré-intérêts pré-taxes via *l'EBIT sur la VE. Cela suggère (comme nous l'avons du reste calculé dans la VE) que l'entreprise a un endettement conséquent ou, à défaut, significatif, et que l'actionnaire ne bénéficie pas pour le moment du levier de ladite dette.*

3. La valeur liquidative et l'actif net réévalué

Après avoir traité le sujet de l'évaluation d'une entreprise par les multiples de sa capacité bénéficiaire, intéressons-nous à l'évaluation d'une entreprise à travers la valeur de ses actifs nets de dettes.

L'idée reste toujours de trouver des méthodes plus applicables que celle du DCF pour estimer la juste valeur d'une entreprise, mais il est utile de rappeler que toutes les méthodes dont nous discutons dans le cadre de cet ouvrage partent bien du fait qu'une entreprise vaut le cash qu'elle est susceptible de générer dans le temps, ramené en valeur d'aujourd'hui.

La méthode de la valeur des actifs : cas général

Dans la vision de la dynamique financière de l'entreprise exposée dans la section sur les calculs de rentabilité, nous avons vu qu'une entreprise produit son cash à partir de ses actifs. Par ailleurs, il semble de bon sens de se dire que la juste valeur d'une entreprise est la juste valeur de ce qu'elle possède – la juste valeur de ce qu'elle doit.

En termes plus techniques, nous avons :

Juste valeur d'une entreprise =
Juste valeur de ses actifs – Juste valeur de ses dettes

Un investisseur en accord avec cette proposition comprend dès lors que s'il est capable de déterminer une juste valeur des actifs et des dettes d'une entreprise, alors il est capable d'avoir une estimation de sa juste valeur.

Pour les dettes, en déterminer la juste valeur est assez simple : leur valeur telle qu'inscrite au bilan comptable reflète fréquemment un estimé fidèle de la somme que l'entreprise devra verser. Attention tout de même, il peut y avoir quelques subtilités de temps à autres : par exemple, des dettes hors bilan ou des provisions insuffisantes, mais une lecture attentive des pieds de page des états financiers suffit à les déceler. Si l'on est capable de déterminer une plage de juste valeur convaincante pour ces éléments, il suffit alors d'ajouter cette somme aux dettes du bilan. Si l'on ne sait pas les estimer et que la somme est significative, on referme simplement le dossier : inutile de se compliquer l'existence, il y a suffisamment d'entreprises cotées en Bourse pour éviter des risques inutiles.

Calculons par exemple les dettes de Cofidur. Nous ouvrons son rapport annuel 2016 et nous nous intéressons aux passifs de l'entreprise hors capitaux propres pour déterminer la juste valeur de ses dettes. Nous avons, au 31 décembre 2016 :

- provisions pour risques et charges : 3 754 000 € ;
- emprunt obligataire convertible : 300 000 € ;
- emprunts bancaires, crédits baux et trésorerie passive : 5 504 000 € ;
- fournisseurs et comptes rattachés : 11 697 000 € ;
- autres dettes et comptes de régularisation : 7 595 000 € ;
- soit un total au bilan de : 28 85 000 €.

Il n'y a pas d'engagements significatifs hors bilan d'après les notes de pied de page (on apprend simplement en les lisant que certains actifs sont caution auprès d'organismes financiers, mais ce n'est pas choquant en soi et ne constitue pas une sortie de cash à prévoir). Le total des dettes au bilan a *a priori* toutes les chances d'être juste et peut être compté tel quel, sans ambigüité.

Une fois traité le sujet des dettes, il reste à déterminer la juste valeur des actifs de l'entreprise. Comment faire ? On distingue deux cas de figure :

- l'entreprise ne génère pas historiquement de rendement satisfaisant par l'utilisation de ses actifs : alors, la meilleure chose qui puisse arriver aux actionnaires si l'entreprise continue de fonctionner de la même manière, est la vente des actifs. On peut donc essayer d'estimer la valeur liquidative ou la valeur sur le marché privé des actifs de l'entreprise ;
- l'entreprise génère historiquement un rendement satisfaisant par l'utilisation de ses actifs : alors, on peut essayer de les réévaluer à leur juste valeur.

L'estimation de la valeur liquidative des actifs de l'entreprise

Dans le cas où l'entreprise ne génère pas historiquement de rendement satisfaisant par son activité (ce qui est équivalent à l'utilisation de ses actifs), on peut estimer la valeur liquidative de ses actifs ou leur valeur sur le marché privé.

Laquelle choisir ? Ici, l'investisseur ne peut qu'émettre un jugement. Il s'agit de voir si une tierce partie pourrait faire un usage profitable des actifs de l'entreprise en les acquérant.

Si l'investisseur est certain (pour de bonnes raisons) que tel est le cas (par exemple, si un concurrent pourrait rendre les actifs profitables en coupant les dépenses administratives de l'entreprise), alors la valeur de marché privé des actifs pourrait être évaluée. Autrement, il est recommandé de rester à l'évaluation de la valeur liquidative de l'entreprise.

En cas de doute, il est prudent de se rabattre sur la valeur liquidative de l'entreprise. D'ailleurs, la valeur sur le marché privé des actifs n'est après tout qu'une manière d'envisager la liquidation des actifs en question et c'est pourquoi nous ne distinguerons plus les deux notions.

Il est intéressant de noter que, lorsque nous investissons dans de telles entreprises, le temps joue contre nous. En effet, si les actifs de l'entreprise ne produisent pas de rendement satisfaisant, alors plus longtemps l'entreprise continue de fonctionner en tant qu'entité non liquidée ou non acquise par une tierce partie, plus l'investisseur bénéficie d'un rendement non satisfaisant sur ses actifs. Ce phénomène ne risque pas de créer une richesse significative pour lui sur le long terme.

Enfin, rien n'empêche d'estimer la valeur liquidative pour une entreprise qui génère un rendement satisfaisant sur ses actifs et qui enrichit les actionnaires dans le temps par l'exercice de son activité : simplement, cette estimation de sa juste valeur sera sans doute très conservatrice par rapport à la valeur réelle de l'entreprise.

Estimons par exemple la valeur liquidative des actifs de Cofidur. La première chose à faire avant de se pencher sur les calculs est de regarder l'évolution du rendement des actifs de l'entreprise dans le temps. Le lecteur curieux est invité à faire cet exercice sur le long terme. Ici, nous mentionnerons simplement que :

- les immobilisations corporelles et incorporelles de Cofidur au 31/12/2016 sont d'environ 5 M€ ;
- les actifs circulants de Cofidur moins sa trésorerie (considérée ici en excès sur ses besoins opérationnels) s'élèvent à 36,3 M€ environ ;
- la somme des actifs productifs de Cofidur est de 5 M€ + 36,3 M€ = 41,3 M€ ;
- l'EBIT de 2016 est d'un peu moins de 2,7 M€ ;
- le retour sur actifs productifs de 2016 est donc un peu moins de 2,7/41,3 = 6,54 % avant la prise en compte du coût des intérêts et des taxes.

En remontant jusqu'en 2006, on verrait par ailleurs que ce retour est supérieur à la moyenne historique à long terme de l'entreprise.

Si nous sommes des investisseurs exigeants, sur la base de ces constats, nous pourrions juger que le retour sur actifs (certes, sans levier) n'est pas pleinement satisfaisant. Dans ce cas, il ferait sens d'estimer la valeur liquidative de Cofidur. Pour cela, on reprend les postes à l'actif du bilan un par un :

- disponibilités et valeur mobilières de placement : 9 M€, que nous reprenons en totalité car nous les estimons monnayables à ce montant ;
- créances : 23,4 M€. On peut étudier l'historique des créances de l'entreprise en pourcentage du chiffre d'affaires pour voir si leur niveau dérive. Le lecteur curieux pourra faire l'exercice et constater que le niveau des créances n'a rien de choquant par rapport à l'historique. Dans un tel cas de figure, le montant peut être repris dans sa totalité. Par prudence, nous appliquons un discount pour d'éventuelles créances douteuses et retenons 21 M€ pour ce poste ;
- stocks : 12,8 M€. En allant voir la note de pied de page afférente, nous trouvons qu'il s'agit principalement de matières premières, avec un peu d'en-cours de production et très peu de produits finis. Le stock de Cofidur court un risque d'obsolescence, mais le fait qu'il s'agisse principalement

de matières premières contrebalance bien ce risque. Ainsi, nous pouvons nous proposer de retenir la valeur nette du stock de matières premières et compter le reste à zéro dans une approche conservatrice. Cela nous amène à une estimation de 7,6 M€ ;

- immobilisations : 5 M€. Le gros des immobilisations est du matériel industriel, dont il est difficile d'estimer la valeur pour un non spécialiste, en particulier en l'absence de détails. Il est proposé de retenir la valeur brute des terrains et constructions, à hauteur de 2 M€, en espérant que les constructions ne perdent pas trop en valeur au cours du temps.

En sommant tout cela, nous obtenons un estimé de la valeur liquidative des actifs (VLA) de Cofidur :

VLA = 9 + 21 + 7,6 + 2 = 39,6 M€

En déduisant de ce montant la valeur des dettes de 28,8 M€, nous obtenons la valeur liquidative (VL) de Cofidur :

VL = 39,6 – 28,8 = 10,8 M€

Si l'on estimait qu'un repreneur pourrait faire un meilleur usage des actifs de Cofidur (je n'ai pas d'avis sur la question, c'est une simple hypothèse pour permettre de présenter le raisonnement), nous pourrions nous demander ce que serait alors le retour sur actif possible de Cofidur si l'entreprise était acquise par un groupe du même secteur.

On pourrait se dire que, *a minima*, le management de l'entreprise et ses fonctions administratives ne seraient plus utiles, puisque c'est l'acquéreur qui s'en chargerait : cela pourrait représenter une économie de coûts de 2 M€ (avec l'hypothèse d'une économie d'un million d'euros pour les salaires et charges des top managers et d'une économie à hauteur d'un million d'euros sur les fonctions commerciales et support).

Alors, l'EBIT pourrait passer à 4,5 M€ et le retour sur actifs avoisinerait les 11 %. Dans un tel cas de figure, on pourrait se dire que le retour sur les actifs sans levier serait satisfaisant et que les actifs vaudraient alors leur valeur telle que portée au bilan pour un investisseur qui rechercherait un rendement sans levier de cet ordre de grandeur pour ses investissements dans le secteur de la sous-traitance électronique.

Dans ce cas, un tel investisseur pourrait se permettre d'acquérir Cofidur à sa valeur comptable (car on aurait alors juste valeur des actifs = valeur comptable des actifs, juste valeur des dettes = valeur comptable des dettes, d'où juste valeur de l'entreprise sur le marché privé = juste valeur des actifs – juste valeur des dettes = ici valeur comptable des actifs – valeur comptable des dettes = valeur comptable de l'entreprise), soit 21,58 M€.

La juste valeur des actifs d'une entreprise qui génère un rendement satisfaisant à long terme

La juste valeur des actifs d'une entreprise est celle du cash qu'elle va générer au cours du temps, et l'on peut appliquer une approche semblable à celle de l'évaluation d'une entreprise par les multiples de sa capacité bénéficiaire pour valoriser l'actif productif d'une entreprise.

Il suffit de raisonner en termes de ROA ou ROCE satisfaisant. Par exemple, si contrairement à l'hypothèse utilisée dans le cas précédent on pense que Cofidur est aujourd'hui mieux gérée qu'en 2006, que de ce fait le rendement sur actif de 6,5 % avant coût des intérêts et des taxes est susceptible d'être maintenu dans le temps et que :

- cas 1 : c'est le rendement que nous sommes prêts à accepter sur de tels actifs productifs dans un contexte de taux « de rémunération sans risque » très faibles, alors les actifs valent pour nous leur valeur au bilan ;
- cas 2 : nous recherchons en revanche un rendement (sans levier) de 13 % avant intérêts et taxes sur de tels actifs productifs malgré le contexte de taux « de rémunération sans risque » très faibles, par exemple parce que nous pensons que l'activité est très peu prévisible et cyclique, alors il convient de ramener la valeur des actifs à une valeur où ils nous rapporteraient effectivement 13 % avant intérêts et taxes. Si, en valeur comptable, ces actifs rapportent 6,5 % avant intérêts et taxes, il convient de diviser par 2 cette valeur comptable pour que lesdits actifs rapportent 13 % avant intérêts et taxes.

Dans un tel cas de figure, les actifs productifs de Cofidur valent pour nous la moitié de leur valeur comptable. De fait, leur juste valeur est pour nous 41,3 M€ (voir le calcul dans le cas 1 : immobilisations + actif circulant – cash et équivalents) / 2 = 20,65 M€).

À cette valeur, on rajoute la juste valeur des actifs financiers de l'entreprise (9 M€) pour obtenir la juste valeur des actifs de l'entreprise : 29,65 M€.

On déduit de cela la dette pour obtenir la juste valeur de Cofidur pour un investisseur qui recherche un rendement sans levier de 13 % sur les actifs productifs : 29,65 – 28,85 = 0,8 M€ seulement ?!

Ce résultat est à première vue choquant, mais il ne prend pas en compte l'effet de levier des dettes fournisseurs d'une part, ni le levier financier dont l'actionnaire est susceptible de bénéficier d'autre part, et l'exigence de rendement de 13 % sans aucun de ces leviers est possiblement trop élevée. Cependant, ce résultat montre plutôt bien pourquoi le temps joue contre un investisseur qui a des exigences de rendement élevées sur son investissement lorsqu'il investit dans une entreprise qui a des rendements très faibles sur ses actifs.

Pour incorporer le levier des fournisseurs dans les opérations, on peut raisonner en termes de retour sur capital employé, à partir des immobilisations et du BFR.

Chez Cofidur, nous avons déjà calculé le total des actifs productifs de l'entreprise (immobilisations d'une part + actifs courants non purement financiers d'autre part) et il reste simplement à déduire les dettes opérationnelles courantes de l'entreprise pour tenir compte du fait que les fournisseurs financent une partie de l'actif.

Dans les dettes opérationnelles de Cofidur, nous avons :

- fournisseurs et autres comptes rattachés : 11,7 M€ ;
- autres dettes et comptes de régularisation : 7,6 M€ ;
- la somme des deux grandeurs donne le total des dettes opérationnelles : 19,3 M€ ;
- le capital employé (CE) par Cofidur est donc : CE = total des actifs productifs – total des dettes opérationnelles = 41,3 – 19,3 = 22 M€.

C'est le montant que l'entreprise doit réellement mobiliser pour fonctionner. Ainsi, nous avons en fait ROCE = EBIT/CE = 2,7/22 = 12,27 %, soit un rendement près de deux fois supérieur au rendement de l'actif sans levier.

Si un investisseur attend un rendement de cet ordre de grandeur sur les opérations de l'entreprise et pense que celle-ci peut le maintenir dans le temps, alors il devrait être content de payer les actifs productifs de l'entreprise à leur valeur comptable. Nous retombons ainsi sur le fait que la juste valeur de l'entreprise devrait être alors sa valeur comptable, exactement comme dans le premier cas du retour sur actif sans levier (mais nous comprenons ici que le retour sur actif sans levier faible était potentiellement trompeur sur la qualité des opérations de Cofidur).

Si l'investisseur n'est pas pleinement convaincu des perspectives de Cofidur, par exemple parce qu'il trouve l'activité trop imprévisible et potentiellement cyclique, il pourrait (par exemple) demander un rendement de 25 % avant coût des intérêts et taxes sur les opérations de Cofidur. Dans un tel cas de figure, il convient de discounter la valeur du capital employé.

On a vu que Cofidur emploie 22 M€ pour générer un EBIT de 2,7 M€ environ, ce qui représente un rendement d'environ 12,27 % avant intérêts et taxes. Si l'on veut avoir un rendement qui représente environ le double, il nous faut diviser le montant du capital employé par 2 pour avoir le rendement visé.

Sous ces hypothèses, le capital employé vaudrait 11 M€ en juste valeur. Cela signifie qu'on valorise les immobilisations et les postes productifs de l'actif circulant (hors cash et équivalents considérés ici en excès sur les besoins opérationnels) nets des dettes opérationnelles à ce montant de 11 M€.

Nous avons donc le « bilan ajusté » suivant pour Cofidur :

- cash et équivalents : 9 M€ ;
- actifs productifs nets des dettes opérationnelles : 11 M€ ;
- dettes financières : – 5,8 M€ ;
- provisions pour risques et charges : – 3,75 M€.

D'où un actif net de dettes en juste valeur de : 20 – 9,55 = 10,45 M€.

Il s'agit ni plus ni moins que d'un ajustement de la valeur comptable, en tenant compte des exigences de rendement de l'investisseur sur l'actif de l'entreprise. On peut appeler cette grandeur l'actif net réévalué ou ANR.

À noter

L'actif net réévalué de Cofidur calculé sous ces hypothèses est proche de sa valeur liquidative (même légèrement inférieur). Cela est lié au fait que l'actif ne produit pas le rendement attendu par l'investisseur, d'où le fait que rester investi dans Cofidur à long terme n'est pas plus intéressant pour lui que de liquider directement l'entreprise. Ce ne serait en revanche pas le cas si l'investisseur avait une exigence de rendement plus basse pour investir dans les opérations de Cofidur.

Dès lors qu'un investisseur arrive à mettre une valeur sur les actifs de l'entreprise en formulant une exigence de rendement, il peut estimer la juste valeur d'une entreprise en utilisant un calcul d'actif net réévalué ou un calcul de valeur liquidative. Au passage, un calcul de valeur liquidative n'est rien d'autre qu'une variante du calcul de l'actif net réévalué.

Nous avons vu par ailleurs qu'il est parfaitement possible que le calcul de valeur liquidative donne un résultat plus optimiste que celui de l'actif net réévalué (dans un tel cas, la vente de l'entreprise peut faire sens et cela explique parfois des campagnes d'actionnaires activistes). À titre personnel, je suis naturellement enclin à user et abuser de cette méthode d'évaluation.

Mise en pratique

Rien de tel qu'un peu de pratique pour fixer les idées. On se propose ici de calculer l'ANR d'Air Liquide et de confronter les résultats à ceux de la section précédente.

En utilisant les formules de la section sur les calculs de rentabilité, on établit que le ROCE d'Air Liquide (le lecteur est invité à faire lui-même l'exercice) est très stable car le business ne change pas dans le temps). Il n'y a plus qu'à nous appuyer ensuite sur ces résultats pour réévaluer nos actifs.

Le ROCE s'établit à environ 17-18 % sur la période d'observation et il est à peu près stable (même si en légère baisse).

L'activité d'Air Liquide était extrêmement prévisible jusqu'à fin 2015 et on peut faire l'hypothèse qu'elle l'est restée même après fusion avec Airgas (l'entreprise construit des sites de production proches de ses clients et uniquement sous conditions de contrats à très long terme).

Pour une telle activité (et sans prise en compte d'un éventuel levier financier), demander un rendement de 17-18 %, même avant intérêts et taxes, semble élevé. La moitié pourrait convenir à un investisseur qui ambitionne de faire bien mieux que le taux sans risque en investissant dans un business aussi prévisible.

Si un rendement égal à la moitié du ROCE conviendrait, cela signifie que nous pouvons envisager de réévaluer le capital employé à deux fois sa valeur comptable.

Calculons le capital employé (CE) à fin 2016 :

- immobilisations incorporelles : 1,89 Mds€ ;
- immobilisations corporelles : 20,1 Mds€ ;
- actif circulant opérationnel (= actif courant – cash) : 5,47 Mds€ ;
- dettes opérationnelles (= dettes courantes – dettes financières et provisions courantes) : 4,17 Mds€.

D'où CE = Actif circulant opérationnel + PPE – Dettes opérationnelles = 23,29 Mds€ en valeur comptable.

Nous le réévaluons au double de sa valeur comptable pour obtenir le rendement ciblé. On obtient ainsi une juste valeur du capital employé de 46,6 Mds € environ.

Cela nous permet de calculer l'actif net réévalué à travers le bilan ajusté suivant :

- CE (actifs courants + PPE nets des dettes opérationnelles) : 46,6 Mds € ;
- cash : 1,5 Mds € ;
- total des passifs non courants : – 20,36 Mds € ;
- provisions et avantages au personnel courants : – 0,28 Mds € ;
- dettes financières courantes : – 2 Mds €.

D'où ANR = 25,5 Mds € environ.

Ainsi, avec une capitalisation boursière supérieure à 42 Mds € au cours de 108,45 €, la société apparaît chère par rapport aux exigences de rendement ici énoncées.

Ce résultat est cohérent avec celui de la section précédente, où nous avions établi que le rendement de la génération de cash avant coût des intérêts et taxes étaient entre 3,9 et 5 %. Si l'actionnaire a une exigence de rendement dans ces eaux-là, alors l'ANR serait proche de la capitalisation boursière.

4. La « somme des parties »

À ce stade, les méthodes d'évaluation qui vous ont été présentées permettent de traiter les cas de sociétés simples (et on peut très bien décider de se cantonner à ces cas-là). Il peut y avoir de petites nuances supplémentaires qui peuvent entrer en ligne de compte, mais le principe d'évaluation restera toujours le même.

Généralement, dans l'investissement tel que nous le pratiquons, nous n'utilisons pas d'autres méthodes d'évaluation que celle de l'estimation de la valeur nette des actifs d'une entreprise et celle de l'évaluation par les multiples de la capacité bénéficiaire.

La plupart du temps, nous privilégions le calcul de l'ANR car il s'applique à toutes les entreprises et inclut la méthode des multiples de la capacité bénéficiaire. L'évaluation par les multiples de la capacité bénéficiaire a le mérite d'être très simple à exécuter et permet de se faire très rapidement une idée sur la pertinence d'un investissement dans des sociétés prévisibles et bénéficiaires à long terme (Air Liquide, Hermès ou LVMH par exemple).

Il arrive parfois qu'une entreprise contienne plusieurs businesses : c'est notamment le cas des holdings et des conglomérats. Dans ce cas, il est possible d'évaluer chacune d'entre elles ou de les séparer en plusieurs « tas » plus ou moins homogènes pour procéder à une évaluation de chacun de ces tas en utilisant les méthodes précédemment décrites.

On appelle cette approche une évaluation en « somme des parties ». Cela permet de traiter les situations où les dynamiques des différentes activités ou actifs de l'entreprise sont très disparates (un bon business et un mauvais par exemple).

Exemple : l'évaluation de Tessenderlo

Tessenderlo est un conglomérat coté en Belgique. En lisant ses rapports, nous voyons que l'entreprise segmente son activité en trois parties : Agro, Bio-Valorization et Industrial Solutions.

Lorsqu'on va voir les données par segment (par exemple p. 93 du rapport annuel 2016), on voit des dynamiques différentes. On voit par exemple en 2016 que :

- le segment Agro arrive à sortir un EBIT de 95 M€ en 2016 et 117,7 M€ en 2015 en employant respectivement 500 et 463 millions d'actifs, ce qui donne un ROA de 19 % en 2016 et 25,5 % en 2015. En soustrayant les « *segment liabilities* » (dettes opérationnelles) des actifs, on peut calculer les capitaux employés et retour sur capitaux employés. On obtient ainsi 453 millions de capital employé en 2016 et 391 millions en 2015, d'où un ROCE de 21 % et 25,4 % respectivement ;
- le segment Bio-Valorization sort un EBIT pratiquement nul en 2016 et négatif en 2015 en employant respectivement 391 et 367 millions d'actifs et 257 et 239 millions de capital. Il n'y a pas de ROA ni de ROCE à proprement parler sur les années en question ;
- le segment Industrial Solutions sort un EBIT de 25,5 millions en 2016 et 18,7 millions en 2015 en employant respectivement 238 et 228 millions d'actifs, ce qui donne un ROA de 10,7 % et 8,2 % respectivement. Le capital employé est quant à lui de 169 et 164 M€ (respectivement en 2016 et 2015), d'où un ROCE de 15 % et 11,4 % respectivement.

On peut dire à ce stade que ces activités sont *a priori* disparates en termes de dynamiques financières (ce qu'il faut confirmer en remontant sur une plus longue période) et que, si c'est bien le cas, tous les actifs de Tessenderlo ne se valent pas. Pour prendre cela en compte, il peut être pertinent de procéder à une évaluation de chaque actif séparément, puis de sommer les parties.

Il est fréquent de procéder à une analyse de chaque segment et des états financiers consolidés avant de faire cette évaluation. Il est supposé ici qu'une analyse de Tessenderlo a déjà été conduite et certaines étapes seront donc éludées ou simplement brièvement mentionnées.

Notamment, on se base dans cette analyse sur le fait que Tessenderlo est une entreprise en cours de réorganisation et de redressement de ses opérations, ce qui nous laisse penser que les ROA et ROCE récents sont plus représentatifs de la situation normalisée que ceux obtenus par le passé, ainsi que sur le fait que le ROCE du segment Agro a été déprimé en 2016 par des commandes dont la livraison a été reportée au premier trimestre 2017.

■ Agro

Ce segment a un ROA (sans levier) très élevé dans le temps, ce qui justifie d'ailleurs qu'il emploie assez peu de levier. Avec un ROCE normalisé entre 20 et 25 %, les actifs de ce segment sont *a priori* très précieux. Les états financiers passés laissent penser qu'ils l'ont toujours plus ou moins été, malgré une gestion passée de l'entreprise hasardeuse (fort endettement et paiement de dividendes élevés).

Malgré une possible présence de faiblesses cycliques relatives (encore que les engrais sont sans doute toujours utiles), on peut penser que le business est relativement prévisible et qu'un investisseur peut se contenter d'un rendement sans levier de 7 à 8 % sur le capital employé d'un tel business. Cela nous amènerait à tripler la valeur du capital employé d'Agro pour ramener ce segment en juste valeur.

Nous arrivons alors à une valorisation de 453 × 3 = 1 359 M€ (soit entre 11 et 12 fois l'EBIT 2015, sachant *a priori* que celui de 2016 a été pénalisé par un évènement ponctuel au quatrième trimestre).

■ Bio-Valorization

Ce segment était capable de sortir des ROCE supérieurs à 10 % avant de connaître des difficultés en 2013. Une étude de la concurrence peut montrer que tout le secteur a été touché par des difficultés (les managements parlent d'un problème de surcapacités) et est actuellement en consolidation.

Difficile de se prononcer sur les perspectives, mais les acquisitions se font à des montants correspondant peu ou prou à une fois le chiffre d'affaires, ce qui dépasse largement le montant du capital employé chez Bio-Valorization.

En partant d'une hypothèse qu'il nous faudrait un rendement élevé pour investir dans ce business, on peut le valoriser à une fraction de son capital employé et se dire qu'il pourrait peut-être valoir bien plus s'il était cédé. On peut ainsi supposer que ce business vaut 100 M€.

■ Industrial Solutions

Industrial Solutions est en forte croissance, du fait à la fois d'un redressement de son périmètre historique et d'une nouvelle offre à destination de certaines mines d'or.

Considérant la forte croissance de l'EBIT alors même que le capital employé augmente assez peu, on peut se dire que cette croissance semble rentable. Si tel est le cas, un rendement sur le capital employé de 5 à 7,5 % semble acceptable. Si nous décidons de rester conservateurs et de travailler avec une hypothèse à 7,5 %, on peut valoriser ce segment à hauteur de deux fois son capital employé.

On arrive alors à une valorisation de 338 M€ (soit un peu plus de 13 fois le dernier EBIT).

■ Somme

En sommant nos évaluations, nous arrivons à une juste valeur de 1,8 Mds €.

Toutefois, on peut arguer que cette évaluation est potentiellement conservatrice du fait que la valeur sur le marché privé de Bio-Valorization serait plutôt de 400 M€ si l'on se fie aux dernières transactions, ce qui ramènerait notre estimé à 2,1 Mds €, et nous avons compté des actifs non encore productifs comme s'ils l'étaient dans les trois segments considérés.

En effet, si nous avons lu les rapports annuels, nous savons notamment que trois sites de production de Tessenderlo vont démarrer dans la seconde moitié de l'année 2017. Nous pourrions nous amuser à faire des projections sur cela, mais nous considérons que l'exercice est futile vu le risque d'erreur.

À cela, il faut par ailleurs ajouter et déduire les actifs et passifs non alloués (« *non allocated* » dans le rapport). Nous avons 202,1 millions d'actifs non alloués (notamment le cash, ici en excès sur les besoins opérationnels) et 480,8 millions de passifs non alloués. Cela fait donc un total à déduire de 202,1 – 480,8 = – 278,7 M€.

Cela nous amène à une estimation basse de la valeur de Tessenderlo à 1,5 Mds€ et une estimation avec prise en compte de la valeur de marché privé de Bio-Valorization à 1,8 Mds€. En divisant par le nombre d'actions en circulation (42,96 millions), on obtient une juste valeur comprise entre 35 et 42 € par action.

Encore une fois, une personne qui a analysé les investissements de l'entreprise sait que toutes ces estimations se font en comptant les actifs non productifs au bilan comme s'ils l'étaient, ce qui nous laisse penser qu'elles sont assez conservatrices au vu des montants investis par l'entreprise ces dernières années (sur la seule partie Agro, le capital employé a progressé de 62 millions en 2016 et de plus de 120 millions en 2015). Cela peut donner une potentielle bonne surprise sur la croissance de l'EBIT et du ROCE à l'avenir.

Ce type de raisonnement explique pourquoi nous avons acheté des actions en-dessous de 27 € : Tessenderlo cotait moins que tout estimé raisonnable de sa valeur en somme des parties et disposait d'un potentiel de croissance rentable intéressant (du fait que l'entreprise est en redressement et investit dans de nouvelles infrastructures).

Un tel raisonnement en somme des parties était sans doute plus utile lorsque nous avons choisi d'investir dans Tessenderlo qu'aujourd'hui. En effet, si l'on sait que la dette financière de Tessenderlo est facilement gérable et que l'on pense que Tessenderlo peut continuer à supporter un tel niveau d'endettement, un simple raisonnement sur le ratio cours/bénéfice suffit à évaluer l'attractivité d'un investissement ! Et si l'on pense que le bénéfice de l'entreprise est un bon reflet de sa génération de cash (point à vérifier, mais nous pensons qu'il la sous-estime), on peut raisonner comme suit : l'entreprise a produit un bénéfice par action de 2,3 € en 2016 au cours de 36 €, donc on a un PER de 15,65 et un rendement sur bénéfice de 6,39 %. Un investisseur pourrait alors simplement se demander s'il est à l'aise avec l'idée de faire un rendement de 6,39 % au vu de ses idées sur les perspectives de croissance de Tessenderlo.

Ce type de raisonnement était par contre plus difficile à appliquer sur la base des bénéfices des années antérieures et une approche somme des parties pouvait alors permettre d'identifier des gisements de valeur perdus dans un tas d'activités non profitables ou à retour sur investissement non satisfaisant. D'ailleurs, c'est sans doute dans ce type de situations que l'approche somme des parties est la plus utile.

L'approche somme des parties peut servir à évaluer des sociétés qui ont plusieurs business hétérogènes. Il n'est en général pas utile

de l'appliquer pour des business avec des dynamiques de retour sur investissement à peu près homogènes.

Mise en pratique

Il vous est proposé de tenter une valorisation de l'entreprise Picanol par la méthode « somme des parties ». Pour traiter correctement cet exercice, il convient de lire les rapports annuels de Picanol sur une longue période. Picanol est la somme de son activité de fabrication de métiers à tisser et de sa participation dans Tessenderlo.

Au 31 décembre 2016, Picanol détient 36,26 % de Tessenderlo, comme indiqué dans la note III.7.5 du rapport annuel 2016.

La participation dans Tessenderlo peut être évaluée sur la base des considérations exposées ici ou sur la base du cours de Bourse actuel, cohérent avec ce que nous avons vu.

Au cours de 36,7 €, la capitalisation boursière de Tessenderlo est de 1,58 Mds€ environ, ce qui donne une valeur de 573 M€ environ pour la part de Picanol dans Tessenderlo. Reste à ajouter à cela la juste valeur de l'activité de Picanol en tant que telle. Pour la déterminer, on doit faire une analyse financière de celle-ci.

On note qu'avant 2009, la société n'arrivait pas à rentrer de cash. Depuis le changement de propriétaire et de management, c'est une tout autre histoire et ce, depuis 2010 : les ROA et ROCE, même s'ils fluctuent assez fortement au fil des années, sont hallucinants, sauf en 2009. Le ROA moyen (sans aucun levier) s'établit à 35 % tandis que le ROCE moyen s'établit à 81 %. Si l'on exclut 2009 (année exceptionnellement mauvaise du fait de la conjoncture et peut-être aussi du fait que ce n'était pas le même management), on a un ROA moyen avoisinant les 43 % et un ROCE moyen proche de 100 %.

Si l'on se dit qu'un rendement pré-taxes de 10 % est acceptable sur le capital employé en l'absence de perspectives de croissance forte à long terme (simple supposition, je n'ai aucune idée ferme sur la question), on peut valoriser ce dernier à 10 fois son montant, ce qui nous donnerait alors, avec le capital employé de 2016, une valeur de 727 M€.

Alors on peut réécrire le bilan ajusté de Picanol hors Tessenderlo :

- immobilisations et actifs opérationnels nets de dette : 727 M€ ;
- cash en excès sur les besoins opérationnels : 81,28 M€ ;
- passifs non courants : – 12,13 M€ ;
- *employee benefit obligations* (courant) : – 1,36 M€ ;

- *interest bearing debt* (courant) : – 1,94 M€ ;
- provisions (courant) : – 7,11 M€.

Puis on ajoute la participation dans Tessenderlo pour terminer la somme des parties : *participation in associated companies* = 573 millions (contre une valeur au bilan de 397 millions). D'où ANR = 1,36 Mds € environ. En divisant par le nombre d'actions en circulation (17,7 millions), nous obtenons un ANR par action de 76,76 €.

5. L'investissement dans une obligation

À ce stade, vous disposez déjà de quelques bases pour commencer à analyser une entreprise et valoriser son action.

Il arrive que les dettes d'une entreprise soient cotées, sous forme d'obligations. Une obligation n'est rien d'autre qu'une dette que l'entreprise s'engage à rembourser à une échéance donnée et sur laquelle elle paie un intérêt. Le mécanisme est très similaire à celui d'un prêt bancaire *in fine* : l'entreprise paie les intérêts chaque année et rembourse le capital à l'échéance.

Les obligations cotent exactement de la même manière que les actions.

Cas trivial d'une entreprise dont l'action semble intéressante

Il va de soi que si vous trouvez qu'un investissement dans l'action d'une entreprise est sûr et attractif, il y a toutes les chances que l'investissement dans ses dettes soit sûr : les créanciers sont en effet prioritaires sur les actionnaires de l'entreprise (l'actionnaire étant toujours payé en dernier).

Dans le cas d'une obligation sûre, le rendement de l'investisseur sera simplement déterminé par :

- les intérêts dus chaque année, qui s'expriment en pourcentage de la « valeur nominale » (ou pair) de l'obligation ;
- le prix à payer pour acquérir l'obligation, qui s'exprime en pourcentage du « nominal » (ou pair).

Si le rendement promis sur le prix d'achat est attractif pour lui, l'investisseur peut envisager d'acquérir des obligations en plus ou au lieu des actions de l'entreprise.

La valeur nominale et le rendement obligataire

On appelle « valeur nominale » ou simplement « nominal » ou « pair » d'une obligation sa valeur d'émission théorique. On l'exprime généralement en base 100.

Par exemple, si une entreprise émet théoriquement 100 M€ de dette, on peut subdiviser cette dette en un million de papiers obligataires d'une valeur de 100 €, ou encore en 10 000 papiers d'une valeur de 10 000 €. On dira que l'obligation cote à 100 % de sa valeur nominale lorsqu'elle cote à ce prix théorique d'émission (qu'il soit de 100 ou 10 000 €).

En pratique, le prix d'émission peut comporter un discount (ou une prime) sur la valeur nominale pour attirer d'éventuels investisseurs : dans le cas d'un discount, l'entreprise lèverait moins d'argent par l'obligation que ce qui est prévu en nominal.

Ce qui est important pour un investisseur est que si l'on paie moins cher que le nominal de l'obligation, on bénéficie d'un rendement plus élevé que celui des intérêts jusqu'à la maturité de l'obligation. Et si l'on paie plus cher que le nominal de l'obligation, on bénéficie d'un rendement moins élevé que celui des intérêts jusqu'à la maturité de l'obligation.

Imaginons une émission obligataire de 1 000 obligations d'une valeur nominale de 100 000 € chacune (soit un montant total de 100 M€) à un taux de rémunération de 5 %, alors un investisseur qui achète ces obligations au pair (soit 100 000 € par obligation) bénéficiera exactement de ce rendement.

S'il achète ces obligations à la moitié de leur valeur nominale (autrement dit 50 % du pair), soit 50 000 € pièce, et que ces obligations sont remboursées au pair à maturité, alors il bénéficiera à la fois :

- d'une rémunération de 10 % par an sur le capital qu'il aura investi ;
- d'un remboursement de 100 000 € à maturité, soit un gain de 50 000 € par obligation sur son investissement de 50 000 € au moment du remboursement.

Ce double gain, lorsqu'il est possible, peut être très attractif (ex : mon investissement dans les obligations d'Atwood Oceanics qui promettait une rémunération annuelle de plus de 13 % sur mon cours d'achat à moins de 50 % du pair et, sous des hypothèses raisonnables, un remboursement à la parité en 2021. Il en résultait un rendement à maturité supérieur à 32 % par an).

Il arrive que l'investisseur puisse vendre ses obligations à un tarif qui lui convient avant la maturité de l'obligation, par exemple s'il achète à

50 % du pair et que l'obligation cote à 100 % du pair ensuite. Il réalise alors son rendement sur l'écart entre le cours de Bourse et le nominal de l'obligation plus rapidement. Dans le cas de l'investissement dans Atwood Oceanics, j'ai choisi de vendre mes obligations quelques mois plus tard à 93 % du pair.

Il convient cependant de noter qu'il est assez rare qu'une obligation d'une société sûre (au point que même son action puisse paraître attractive) cote à une fraction de sa valeur nominale. Il ne s'agit surtout pas de se précipiter aveuglément sur toutes les obligations qui cotent à une fraction de leur valeur nominale.

L'analyse obligataire : cas général

Le plus souvent, une obligation d'une société dont l'action est attractive ne fournira qu'un rendement modeste (il existe parfois des exceptions, mais c'est très rare). Les obligations à rendement attractif sont souvent celles de sociétés qui connaissent des difficultés (temporaires ou permanentes). Dans ces cas, l'action peut apparaître trop risquée ou pas suffisamment attractive, mais l'obligation peut parfois convenir.

Par exemple, l'entreprise Chesapeake Energy est endettée et son avenir dépend de celui des cours du gaz et du pétrole. Il peut être difficile de déterminer si l'action de cette entreprise est attractive et beaucoup d'investisseurs penseront sans doute qu'elle est trop risquée.

Toutefois, cela ne signifie pas que toutes les souches obligataires de l'entreprise ne sont pas attractives (ce qui explique pourquoi j'ai investi dans l'obligation à échéance juin 2017 de cette entreprise). En effet, rappelons encore une fois que les détenteurs d'obligations sont payés avant les actionnaires. Par ailleurs, il peut y avoir plusieurs souches obligataires pour une même entreprise et les détenteurs sont payés à maturité, chacun leur tour selon leurs échéances.

Cela veut dire que si une entreprise a une obligation qui arrive à maturité en 2018 et une autre en 2020, un détenteur de l'obligation à maturité en 2018 sera remboursé avant les détenteurs de l'obligation à maturité 2020, et donc que le détenteur de ladite obligation n'aura pas à se préoccuper de la solvabilité de l'entreprise en 2020.

En revanche, si l'entreprise est insolvable avant 2018, c'est le détenteur de l'obligation dite la plus « senior » qui sera payé le premier. Il est parfaitement possible que l'obligation de 2020 soit plus senior que celle de 2018 : il faut aller voir le contrat.

Parfois, certains actifs servent de collatéral et permettent explicitement de payer le montant emprunté : on dit alors que l'obligation est « *secured* ». La séniorité d'une obligation est déterminée par son contrat tel qu'écrit dans son prospectus. Il en est de même pour son caractère *secured* ou *unsecured*.

Au passage, ce n'est pas parce qu'une obligation n'est pas couverte par un collatéral (« *unsecured* ») qu'elle ne sera pas remboursée à l'échéance : en effet, le non-remboursement de l'obligation tuerait potentiellement la réputation de l'entreprise et c'est pourquoi les entreprises qui veulent survivre à long terme font généralement le maximum pour rembourser toutes leurs obligations.

Par ailleurs, une entreprise qui peut rembourser une dette le fait normalement avec du cash et non un collatéral : ainsi, pour une entreprise solvable, le caractère *secured* ou non d'une obligation ne changera pas grand-chose.

Pour un investisseur débutant, il est recommandé de n'investir que dans des obligations d'entreprises qui ont un maximum de chances d'être solvables à l'échéance. Un investisseur expérimenté serait d'ailleurs bien avisé de faire de même. Dans un tel cas de figure, il suffit de s'assurer que :

- l'entreprise pourra rembourser l'obligation à l'échéance ;
- que le prix de l'obligation offre un rendement suffisamment attractif.

Et c'est tout !

Comment faire ? En lisant le rapport annuel et en appliquant les méthodes d'analyse que nous avons vues, à la différence près que vous n'avez pas besoin de faire de valorisation.

Il est en soi beaucoup plus simple d'investir dans des obligations que dans des actions si l'on se contente de travailler sur des entreprises qui ont un maximum de chances d'être solvables à l'échéance.

Et ne commettons pas l'erreur de penser que c'est pour autant forcément moins rémunérateur que d'investir en actions : rappelons que j'ai eu la chance d'avoir un rendement annualisé très largement supérieur à 100 % en investissant assez bêtement dans l'obligation d'Atwood Oceanics (cela dit, il serait totalement absurde d'espérer ce type de rendement sur chacun de ses investissements obligataires).

Détaillons tout de même quelques étapes de l'analyse car il y a quelques subtilités (mineures) pour un investisseur plus habitué à l'investissement en actions.

■ Étape 1 : déterminer si l'entreprise peut rembourser l'obligation à l'échéance

Il s'agit simplement de voir combien de cash serait raisonnablement disponible à l'échéance pour rembourser la dette et payer ses intérêts. Cet exercice peut être traité uniquement en s'appuyant sur son bon sens et sans technicité inutile, puisqu'il faut juste regarder combien l'entreprise a d'actifs et combien d'argent elle gagne (ou perd). C'est tout.

Des calculs tout faits et pertinents dans la plupart des cas vous sont proposés ci-après (avec des exemples). On peut simplement calculer quatre grandeurs :

- (A) : **le montant de la dette à rembourser avant l'échéance de l'obligation + le montant de la dette obligataire concernée par l'analyse** ;
- (B) : l'actif net tangible attribuable aux détenteurs de l'obligation (qui correspond au montant de l'actif net disponible pour rembourser l'obligation) : **actifs tangibles – toutes les dettes prioritaires sur l'obligation ;**
- (C) : **la couverture des intérêts de l'obligation par le résultat opérationnel (EBIT) ou le *cash-flow* opérationnel (EBITDA-Capex) – les intérêts des dettes prioritaires sur l'obligation concernée.** Note : si les intérêts totaux sont bien couverts par l'EBIT ou l'EBITDA-Capex, il n'est pas utile de s'embêter avec cette subtilité ;
- (D) : **le nombre d'années d'EBITDA-Capex que représente la dette obligataire concernée + toutes les dettes prioritaires sur celle-ci.**

Le plus souvent, (A) et (B) suffisent à elles seules, tout comme (B) et (C). Pour voir s'il faut vraiment faire les quatre calculs, on utilise son bon sens : il n'y a pas d'autres moyens. Tout cela sera plus clair avec un exemple, où nous utiliserons à la fois le bon sens et les formules (pour arriver évidemment au même résultat).

Ouvrons le rapport annuel 2016 de Chesapeake Energy. Nous pouvons voir en p. 3 tous ses instruments cotés en Bourse.

Title of Each Class	Name of Each Exchange on Which Registered
Common Stock, par value \$0,01	New York Stock Exchange
7,25 % Senior Notes due 2018	New York Stock Exchange
Floating Rate Senior Notes due 2019	New York Stock Exchange
6,625 % Senior Notes due 2020	New York Stock Exchange

▶

Title of Each Class	Name of Each Exchange on Which Registered
6,875 % Senior Notes due 2020	New York Stock Exchange
6,125 % Senior Notes due 2021	New York Stock Exchange
5,375 % Senior Notes due 2021	New York Stock Exchange
4,875 % Senior Notes due 2022	New York Stock Exchange
5,75 % Senior Notes due 2023	New York Stock Exchange
2,75 % Contingent Convertible Senior Notes due 2035	New York Stock Exchange
2,5 % Contingent Convertible Senior Notes due 2037	New York Stock Exchange
2,25 % Contingent Convertible Senior Notes due 2038	New York Stock Exchange
4,5 % Cumulative Convertible Preferred Stock	New York Stock Exchange
Securities registered pursuant to Section 12(g) of the Act: None	

Nous voyons qu'il en existe beaucoup en dehors de l'action ordinaire : des obligations, des obligations convertibles (que l'on peut échanger contre des actions, en général à un cours précis). Les caractéristiques détaillées des obligations en question peuvent être trouvées dans les notes de pied de page du bilan et le prospectus des obligations concernées. Si l'on va voir le bilan et le compte de résultat de l'entreprise, on constate qu'elle est déficitaire au compte de résultat et qu'elle a des capitaux propres négatifs à hauteur de – 1 460 M$.

Un investisseur débutant ne sera sans doute pas intéressé par l'action car elle ne répond pas aux critères de solidité financière vus dans cet ouvrage. L'investisseur confirmé aura sans doute lui aussi quelques réserves.

Dans la partie dette du bilan, on lit que l'entreprise a 503 millions de maturités courantes et 9 938 millions de maturités non courantes, soit une dette financière totale de 10 441 millions de dollars.

CURRENT LIABILITIES:		
Accounts payable	$ 672	$ 944
Current maturities of long-term debt, net	503	381
Accrued interest	113	101
Short-term derivative liabilities	562	40
Other current liabilities ($3 and $8 atttributable to our VIE)	1,798	2,219
Total Current Liabilities	3,648	3,685

▶

LONG-TERM LIABILITIES:		
Long-term debt, net	9,938	10,311
Long-term derivated liabilities	15	60
Asset retirement obligations, net of current portion	247	452
Other long-term liabilities	383	409
Total Long-Term Liabilities	10,583	11,232
CONTIGENCIES AND COMMITMENTS (note 4) EQUITY:		
Chesapeake Stockholders'Equity		
Preferred stock, $0,01 par value, 20,000,000 shares authorized 5,839,506 and 7,251,515 shares outstanding	1,771	3,062
Common stock, $0,01 par value, 1,500,000,000 and 1,000,000,000 shares authorized 896,279,353 and 664,795,509 shares issued	9	7
Additionnal paid in capital	14,486	12,403
Accumulated deficit	(17,603)	(13,202)
Accumulated other comprehensive less	(96)	(99)
Less treasury stock, at cost, 1,220,504 and 1,437,724 common shares	(27)	(33)
Total Chesapeake Stockholders'Equity (Deficit)	(1,460)	2,138
Noncontrolling interests	257	259

On voit dans les notes de pied de page le détail des dettes en question.

	December, 31, 2016		December, 31, 2015	
	Principal amount	Carrying amount	Principal amount	Carrying amount
	($ in millions)			
Term lean due 2021	$ 1,500	$ 1,500	$ –	$ –
3,25 % senior notes due 2016	–	–	381	381
6,25 % euro-dominated senior notes due 2017	528	258	329	329
6,5 % senior notes due 2017	134	134	453	453
7,25 % senior notes due 2018	64	64	538	538
Floating rate senior notes due 2019	380	380	1,104	1,104
6,625 % senior notes due 2020	780	780	822	822
6,875 % senior notes due 2020	279	279	304	304
6,125 % senior notes due 2021	550	550	589	589
5,375 % senior notes due 2021	270	270	286	286
4,875 % senior notes due 2022	451	451	639	639

▶

	December, 31, 2016		December, 31, 2015	
	Principal amount	Carrying amount	Principal amount	Carrying amount
	($ in millions)			
8,00 % senior secured second lien notes due 2022	2,419	3,409	2,425	3,584
5,75 % senior notes due 2023	338	338	384	384
8,00 % senior notes due 2025	1,000	1,000	–	–
5,5 % convertible senior notes due 2026	1,250	811	–	–
2,75 % contingent convetible senior notes due 2035	2	2	2	2
2,5 % contingent convetible senior notes due 2037	114	112	1,110	1,027
2,25 % contingent convetible senior notes due 2038	200	180	340	290
Revolving credit facility	–	–	–	–

Si Cheasapeake continue à travailler normalement en 2017, elle devra simplement rembourser les dettes dues en 2017, soit les 6,25 % *euro-denominated senior notes* et les 6,5 % *senior notes* de 2017 à hauteur de 258 + 134 = 392 millions de dollars.

Toutes les autres dettes n'importent pas pour les détenteurs des obligations 6,25 % libellées en euros et seules les obligations de 6,25 % libellées en euros importent pour les détenteurs des obligations à 6,5 % parce qu'elles seront remboursées avant les leurs.

Ainsi, pour les détenteurs de ces obligations, la dette totale de Chesapeake n'est pas de 10 441 M$. Elle est nulle pour les détenteurs des obligations 6,25 % libellées en euros et elle est de 258 millions pour les détenteurs des obligations 6,5 % (258 millions = le montant des obligations 6,25 % en euros, prioritaires par rapport à cette souche si l'entreprise rembourse normalement sa dette dans l'ordre en 2017). Cela signifie que l'actif net en valeur comptable attribuable aux détenteurs des obligations 6,25 % libellées en euros est de capitaux propres + le montant de la dette financière = – 1 460 + 10 441 = 8 981 M$, soit près de 9 Mds $.

De ce montant, on déduit les actifs intangibles, ici inexistants. On obtient ainsi un actif net tangible de 9 Mds $ en valeur comptable attribuable aux détenteurs des obligations en euros. Le détenteur de cette obligation doit alors se demander si les 9 milliards d'actifs nets en valeur comptable suffiront pour payer les 258 M€ dus aux détenteurs des obligations libellées en euros.

Nous venons d'effectuer les calculs des étapes (A) et (B). (A) donne 0 + 258 = 258 millions, (B) donne 9 milliards, et on est alors amené à comparer l'écart entre les deux montants concernés. Sauf si les actifs tangibles de Chesapeake sont bidons, on voit mal comment les 258 millions de dette libellés en euros pourraient ne pas être remboursés par les 9 milliards d'actifs tangibles, sauf si l'entreprise perd plus de 9 milliards de cash par an.

Un rapide coup d'œil dans le tableau de flux de trésorerie permet de s'assurer que ce n'est pas le cas : l'entreprise perd autour de 2 milliards de cash par an sur les deux dernières années. Ainsi, il est évident, sur la base du bon sens, que l'obligation libellée en euros de Chesapeake est *a priori* sûre.

Pour les obligations 6,5 % qui arrivent après cette dette, il y a les 258 millions de l'obligation libellée en euros à payer. L'étape (A) donne 258 millions (de la dette en euros) + 134 millions (montant de la dette libellée en dollars) = 392 millions. (B) donne capitaux propres tangibles + dette financière – montant de l'obligation libellée en euros senior sur notre obligation 6,5 % = 9 milliards – 258 millions = 8,74 Mds $.

La question est alors de savoir si les 8,74 milliards d'actif net tangible en valeur comptable disponibles pour les détenteurs de l'obligation 6,5 % suffiront à rembourser la souche en euros et la souche considérée, d'un montant de 392 M€.

La réponse semble tout aussi affirmative que pour l'obligation précédente. L'obligation considérée est donc *a priori* sûre elle aussi. Et pourtant, nous avons pu l'acheter à moins de 80 % de son pair !

Les calculs (C) et (D) permettent quant à eux respectivement de voir si les intérêts sont couverts par les résultats de l'entreprise et combien d'années de résultat permettent de rembourser la dette. Si les intérêts sont couverts au moins d'un facteur 2, alors l'entreprise a des chances de pouvoir renégocier sa dette. Si les intérêts sont couverts et que le nombre d'années nécessaires pour rembourser la dette apparaît en ligne avec l'échéance, l'entreprise est susceptible soit de rembourser, soit de lever facilement une nouvelle dette et de vous rembourser avec.

Ces calculs sont inutiles sur les souches de Chesapeake.

■ Étape 2 : déterminer si le prix proposé sur le marché est attractif

Il faut aller sur un site de cotations obligataires. *Boursorama* fournit des cotations de certaines obligations si vous avez leur ISIN (généralement trouvable par recherche sur Internet). Vous avez également le site *oblis.be* en Europe et *Cbonds* dans le monde.

Aux États-Unis, les choses sont mieux organisées : on trouve les cotations de toutes les obligations sur le site de la *Finra*.

Recherchons la cotation des obligations de Chesapeake Energy. Il faut aller dans l'onglet « *search* » et taper « *Cheasapeake Energy* » dans la case « *issuer name* » (nom de l'émetteur), puis cliquer sur « *show results* ». Toutes les souches apparaissent.

En cliquant par exemple sur « CHK.HE », on se rend sur la cotation de l'obligation qui arrive à maturité le 15 août 2017 et on voit qu'elle cote à 100,5 % du pair. Si on l'achète à ce prix, on aura la possibilité de toucher un coupon d'un peu moins de 6,5 % (6,5 / 100,5 = 6,46 %) au prorata de notre durée de détention et on sera remboursé à 100 % du pair à l'échéance (ce qui engendrera une perte de capital de 0,5/100,5 = 0,5 % + les frais de courtage à l'achat qui, attention, peuvent être élevés chez certains courtiers).

Ainsi, à ce prix, cette obligation constitue possiblement une alternative valable aux comptes à terme (maturité rapide, rémunération décente). Et à moins de 80 % du pair quelques mois plus tôt, c'était encore plus juteux !

Au passage, il est possible de télécharger le prospectus de l'obligation sur cette page. Il est recommandé de le lire au cas où, car les informations des notes de pied de page sont parfois synthétiques.

■ Conclusion

Au risque de choquer les puristes de l'exercice, évaluer une obligation est un exercice de bon sens qui se fait en deux temps :

- **évaluation de la sécurité de l'obligation.** Il suffit de répondre à la question suivante : l'entreprise aura-t-elle un moyen de générer suffisamment de cash pour rembourser ou refinancer l'obligation concernée, soit par ses actifs (qu'elle peut vendre dans le pire cas) soit par son *cash-flow*, tout en payant les intérêts de sa dette ?
- **évaluation de l'attractivité du prix de l'obligation.** Quel rendement est promis à maturité par l'achat de l'obligation au prix où elle est proposée sur le marché ?

Et c'est tout ce qui nous intéresse dans une démarche d'investisseur débutant (et un investisseur expérimenté pourrait faire de même).

Je me permets aussi de recommander aux investisseurs débutants de travailler sur des entreprises qui ont des actifs tangibles suffisants pour rembourser leurs dettes (et de prendre en compte les éventuelles pertes cash dans leur analyse). Le risque d'erreur est fortement amoindri en présence d'actifs tangibles qui couvrent très confortablement d'éventuelles pertes.

À noter

Si une augmentation de capital peut assez souvent se révéler dilutive pour un actionnaire, il s'agit plutôt d'une bonne nouvelle pour un investisseur obligataire : il bénéficie en effet du cash ainsi levé, qui pourra aider au remboursement de la dette de l'entreprise !

Conclusion

J'espère que vous avez pris du plaisir à lire ce livre.

Les motifs d'investissement gagnants et perdants ainsi que les bases de l'analyse financière devraient vous aider à ne pas investir à l'aveugle. Car c'est bien la première chose à faire : si vous ne savez pas bien pourquoi vous investissez dans une entreprise et ce que vous en attendez, vous prenez des risques inutiles.

Si vous n'avez pas envie de faire ce travail (qui devient assez rapide avec le temps et la pratique, particulièrement si vous vous spécialisez sur les entreprises prévisibles), il peut être prudent de chercher des entreprises qui investissent elles-mêmes en Bourse et qui sont dirigées par des personnes qui savent ce qu'elles font. On en trouve sur le marché : Berkshire Hathaway, l'entreprise de Warren Buffett, est la plus connue, mais il y en a d'autres. Vous pouvez aussi simplement faire appel à une maison de gestion.

Voici pour exemple un investissement sensé dans une entreprise qui investit elle-même en Bourse. Il s'agit d'une opportunité qui a été présentée chez l'Investisseur Français le 19 mars 2020.

1. Pershing Square Holdings (PSH) : un bon portefeuille à moitié prix

Pershing Square Holdings est le fonds fermé de Bill Ackman coté à Amsterdam. Bien qu'il soit controversé pour ses erreurs (qui n'en fait pas ?), Bill Ackman a un bon historique de performance à long terme.

Le fonds s'échange à 13,3 $ à Amsterdam. Or, sa valeur liquidative était de 25,19 $ le 17 mars 2020. Si un fonds fermé mérite toujours un certain discount du fait de ses coûts de fonctionnement, celui-ci paraît exagéré.

On notera que le fonds a très bien performé en 2019 et début 2020 par rapport aux indices et aux autres gérants.

Le risque est clair : si le fonds sélectionne mal ses actions à l'avenir et perd beaucoup d'argent sur ses investissements, le discount pourrait être justifié. Notez comme cette analyse était triviale à réaliser.

Le fonds a continué à bien performer et a lancé une nouvelle offre. En janvier 2021, l'action cotait déjà dans les 36 $. Faire des choses simples, avec un risque réduit, est souvent une bonne idée en Bourse.

2. Quelques bons gérants de fonds de la place parisienne

J'ai eu la chance de croiser quelques gérants de fonds qui m'ont particulièrement marqué. Je les cite dans l'ordre chronologique de nos rencontres : Romain Burnand, de Moneta Asset Management, Julien Lepage, François Badelon et toute l'équipe d'Amiral Gestion (que mon ami et collègue de l'Investisseur Français, Étienne Guicherd, a également rejoint), ainsi que William Higgons, d'Indépendance et Expansion.

Ce sont des personnes expérimentées qui performent particulièrement bien sur les marchés français et européens depuis très longtemps. C'est pourquoi je leur confierais mon argent si je devais ne plus le gérer moi-même.

3. Blogs et forums : sources d'idées pour investir

En plus du blog des Daubasses que j'ai déjà chaleureusement recommandé, on trouve plusieurs blogs et forums de référence dans la sphère francophone. Voici ceux que je connais et apprécie :

- le forum Devenir Rentier : *devenir-rentier.fr*
- le forum de l'Entrepreneur Boursier : *forum.entrepreneurboursier.com*
- Valeur Bourse : *valeurbourse.com*
- le projet Lynch : *leprojetlynch.com*
- RatioRatingRanking : *ratioratingranking.blogspot.com*

On peut vraiment y trouver plein de pistes à analyser et des idées remarquables. Un exemple parlant : Xilam Animation sur le projet Lynch a vu son cours passer de 2,5 € à 60 € entre mi-2016 et mi 2018. De même, la performance d'une entreprise comme Constellation Software, très discutée sur le forum canadien de l'Entrepreneur Boursier, a été remarquable sur le long terme.

Bonus : *vente-unique.com*

J'ai le plaisir de vous proposer une analyse à jour de *vente-unique.com* au quatrième trimestre 2021. L'action reste parfaite pour moi tant la performance de l'entreprise est exceptionnelle.

vente-unique.com SAS, sise au Pré-Saint-Gervais, s'échange en Bourse sous le symbole ALVU. L'entreprise vend des meubles en ligne. Ils sont leaders sur 11 marchés européens qui incluent la France, l'Espagne, le Portugal, l'Italie, la Belgique, les Pays-Bas, la Pologne...

Au prix de 17 € par action, avec 9,66 millions d'actions en circulation, ALVU a une capitalisation boursière de 164 M€. L'entreprise est bien capitalisée avec 14,5 M€ de trésorerie nette. Ainsi, sa valeur d'entreprise est d'environ 150 M€.

Acheter des actions ALVU semble attractif car les ventes et les bénéfices de l'entreprise croissent extrêmement vite, alors que l'action reste modestement valorisée.

1. Une brève histoire de l'entreprise

L'entreprise a été constituée il y a 15 ans au sein de la CAFOM, dont elle a été partiellement séparée *via* une introduction en Bourse. *vente-unique.com* est profitable depuis toujours.

La croissance de ses ventes a toujours été à deux chiffres et le business n'a pas été affecté par la crise des *subprimes*.

2. Une dynamique d'affaires saine

Le business est simple à comprendre : ils achètent des meubles en gros pour les revendre au détail, le tout en ligne. C'est le même métier que Wayfair par exemple.

La différence entre *vente-unique.com* et le reste du secteur est qu'ils ont commencé à construire une logistique profitable alors que les autres ont commencé à prendre des parts de marché indépendamment des profits.

Ainsi, contrairement à tous les autres acteurs de son secteur, *vente-unique.com* est capable de gagner de l'argent sur la livraison en plus de la vente de ses produits (qui sont pourtant proposés à des prix très compétitifs).

Ils travaillent sur une niche : la meilleure preuve est d'ailleurs qu'Amazon ne veut pas entrer dans ce business à cause d'horribles contraintes logistiques. Cela démontre l'existence d'une barrière à l'entrée tangible.

De plus, personne à part *vente-unique.com* n'a un historique de profits de 15 ans dans le secteur. S'ils n'opèrent pas dans un marché à croissance rapide (ni le mobilier ni l'Europe ne sont des marchés de croissance), la taille de leur marché adressable est estimée à 192 Mds € alors que leurs ventes 2020 étaient de 118,9 M€. L'entreprise dispose donc d'un superbe potentiel de croissance *via* le gain de parts de marché. Pendant le second semestre 2020, la croissance de leurs ventes a accéléré et est devenue supérieure à 40 % sur une année. Enfin, au premier trimestre 2021, la croissance a encore accéléré et atteint désormais + 68 % sur une année.

3. Un levier opérationnel très favorable

Le levier opérationnel est ici exceptionnel : avec 24 % de croissance des ventes, leur résultat net est passé de 2,8 M€ en 2019 à 4,7 M€ en 2020, ce qui représente 67 % de croissance.

Le *free cash-flow* 2020 était de 9,19 M€ grâce à un impact positif du besoin en fonds de roulement à hauteur de 4,3 M€.

Au deuxième semestre 2020, lorsque leur croissance a accéléré à plus de 40 %, on peut lire dans leur rapport annuel que leur EBITDA a plus que doublé (il était alors supérieur à l'EBITDA de l'exercice 2019).

4. Un bilan propre

vente-unique.com bénéficie de 14,5 M€ de trésorerie nette, ce qui exclut tout risque financier majeur.

5. Une allocation de capital bonne

vente-unique.com n'a pas besoin de beaucoup de capital pour ses opérations (ils ont aujourd'hui un seul entrepôt), ce qui lui permet de retourner du cash aux actionnaires.

L'entreprise paie également des dividendes et rachète des actions (même si le nombre d'actions racheté est limité par le flottant). Ils paient ainsi 0,28 € par action en dividendes, soit un rendement de 1,65 % au prix de 17 € par action.

Leur dividende croit avec les bénéfices et on peut s'attendre à ce que cela continue : la CAFOM a de la dette au bilan et le management s'est engagé à faire cela au moment de l'introduction en Bourse de l'entreprise.

6. Valorisation

Assigner une valeur à une entreprise avec des bénéfices en hyper-croissance est toujours délicat car on sous-estime toujours la valeur d'une longue croissance rentable lorsqu'on fixe une valeur cible.

Je vous propose une méthode simple qui permet de pallier cet inconvénient.

La publication du chiffre d'affaires 2021 (163,4 M€) et la communication d'un objectif de marge opérationnelle d'au moins 10 % laisse entrevoir un résultat opérationnel de l'ordre de 16 M€ et un résultat net de près de 13 M€. Le cash net de l'entreprise doit désormais dépasser 25 M€ et la valeur d'entreprise actuelle doit donc être autour de 130 M€, ce qui correspond à environ 10 fois le bénéfice de 2021.

Maintenant, comparons cet investissement à une obligation : avec ces chiffres en 2021, investir dans ALVU est équivalent à acheter une obligation avec un coupon de 10 % – coupon en croissance rapide (on peut espérer au moins 15 % par an, si ce n'est plus de 20 % par an en restant très conservateur).

Ce taux obligataire est attractif dans la mesure où même les « *junk bonds* » en Europe n'ont aujourd'hui (souvent) pas la moitié de ce rendement ! De plus, les coupons des « *junk bonds* » n'ont pas de perspectives de croissance exponentielle et sont bien plus risqués qu'un investissement dans une entreprise aussi propre et qualitative que *vente-unique.com*.

C'est également attractif lorsqu'on compare cela aux rendements négatifs des obligations d'États (réputées sans risques).

Bien qu'on ne parle pas d'une obligation mais d'une action, cela montre combien l'action *vente-unique.com* est modestement valorisée au regard de ses fondamentaux et perspectives.

7. Pourquoi *vente-unique.com* est-elle moins chère que n'importe quelle autre entreprise à très forte croissance ?

Les raisons suivantes peuvent expliquer pourquoi l'entreprise n'est pas plus populaire parmi les investisseurs :

- ALVU a une petite capitalisation et est cotée sur Alternext : les investisseurs institutionnels mettent du temps avant d'arriver au capital de telles entreprises ;
- certaines personnes pourraient penser que le brillant entrepreneur Hervé Giaoui, président du conseil d'administration, n'est pas un bon opérateur, juste parce qu'il a acheté Habitat chez CAFOM. En soi, c'était juste une erreur (qui n'en a jamais fait ?) et cela n'a rien à voir avec *vente-unique.com*, qui a toujours été gérée séparément ;
- le flottant de l'entreprise est limité à 30 % ;
- peu d'analystes suivent la valeur (un analyste s'y est mis récemment et il semble surpris de la croissance du levier opérationnel car son modèle et son cours cible sont sans cesse revus à la hausse).

8. Des catalyseurs potentiels pour le cours de bourse

- Croissance des bénéfices.
- Croissance des dividendes.
- Institutionnels entrant au capital.
- Plus d'analystes qui suivent et comprennent l'entreprise.
- Rachats d'actions.
- Inclusion dans un indice.

9. Le risque principal

Le risque principal serait que l'entreprise connaisse une croissance négative après presque 15 ans de croissance à deux chiffres. Le scenario qui pourrait y conduire serait une disruption complète de la logistique ou d'Internet dans le monde entier. Dans ce cas, leur business, comme celui de beaucoup d'autres, serait clairement touché.

Cela semble très peu probable dans la mesure où même les restrictions fortes liées au Covid-19 n'ont pas causé une telle disruption pendant une longue durée. En réalité, on peut plutôt s'attendre à ce que leur croissance accélère, du fait d'une habitude de consommation naissante : l'achat de meubles en ligne.

Une fois encore, *vente-unique.com* n'a que 163,4 M€ de ventes en 2021 alors que son marché adressable est de 192 Mds €.

10. Et s'ils ne croissent plus à plus de 40 % par an ?

L'entreprise a toujours eu une croissance à deux chiffres. S'ils reviennent à cela, ils auront toujours une bonne croissance des bénéfices. Si les bénéfices croissent entre 20 et 30 % par an pendant une longue durée, notre investissement va tout de même bien performer.

Mais laissez-moi vous répéter que la tendance derrière cette croissance est la nouvelle habitude d'acheter des meubles en ligne.

Si les restrictions liées au Covid-19 ont joué ce rôle de catalyseur, elles ne sont pas la raison de la croissance d'ALVU. D'ailleurs, on notera que la croissance de *vente-unique.com* s'est accélérée alors que nous n'étions plus confinés.

Ainsi, on peut même se dire qu'il y a de très bonnes raisons pour que la croissance accélère et, à défaut, que la tendance soit durable.

11. Conclusion

Vente-unique.com est une entreprise sous le radar des investisseurs qui s'échange à un prix absolument ridicule au regard de sa croissance rentable.

Les risques de cet investissement semblent minimaux au regard de l'historique de croissance favorable du business et il y a de nombreux catalyseurs pour aider le cours à s'apprécier dans la durée.

Les actions devraient d'une part délivrer un rendement en ligne avec le taux de croissance des bénéfices de l'entreprise, qui dispose d'excellentes perspectives grâce à une part de marché minuscule dans un marché gigantesque. D'autre part, une expansion du multiple de valorisation est possible car les entreprises avec plus de 20 % de croissance des bénéfices ne s'échangent pas à 10 fois leurs profits sur les marchés mondiaux (c'est bien plus de 30 fois les bénéfices en général, voire carrément plus de 70 fois les bénéfices de l'entreprise Hermès pourtant cotée à Paris !).

Et bien sûr, l'entreprise correspond toujours à tous les critères de « l'Action parfaite » de Peter Lynch tels qu'il les avait posés dans son excellent livre *Et si vous en saviez assez pour gagner en Bourse ?* Je n'ai jamais vu une autre action qui réponde à tous les critères à la fois avant celle-ci.

12. Comment suivre et analyser les résultats de son investissement ?

Exemple de *vente-unique.com*, mise à jour au 1er décembre 2024.

Résultats de l'année 2022 (parus le 12 janvier 2023)

La société annonce qu'elle est le seul acteur rentable du secteur de la vente de meubles en ligne sur l'exercice 2021-2022, ce qui peut être vérifié par rapport à ses concurrents cotés en Bourse : Wayfair aux USA, Home 24 et Westwing en Europe affichent toutes des pertes abyssales au regard de leur chiffre d'affaires (les pertes cash de Wayfair atteignent même 700 millions de dollars, tandis que les concurrents européens, plus petits en taille, perdent quelques dizaines de millions d'euros chacun).

Les résultats sont les suivants :

- Chiffre d'affaires annuel (143,4 M€) en repli annuel, mais retour à la croissance au 4e trimestre (+ 5,1 %).
- Taux de marge brute maîtrisé à 53,0 %, grâce à une adaptation de la politique commerciale à l'inflation et aux variations des devises.
- Rentabilité opérationnelle exemplaire avec un EBITDA ajusté de 8,4 M€, malgré le moindre volume d'activité et le renforcement de l'organisation.

- Résultat opérationnel courant et résultat net bénéficiaires.
- Niveau de trésorerie solide (18,9 M€), avant versement du dividende.
- Activation des leviers stratégiques en 2023 (logistique, transport et place de marché) au service de la satisfaction clients et de la croissance rentable.
- Amélioration progressive de l'activité et des résultats attendue sur l'exercice 2022-2023 et confirmation des objectifs à moyen terme.

On voit que l'exercice 2022 n'a pas été incroyable par rapport à l'exercice 2021, mais il faut relativiser cette apparente « déception » : l'exercice précédent avait été exceptionnel du fait de la crise de la Covid 19, qui avait entraîné des confinements et amené les consommateurs à commander davantage en ligne.

Par conséquent, les ventes et les résultats avaient progressé bien au-dessus de leur moyenne historique et les résultats de 2022 peuvent être vus, à mon avis, comme un « retour à la normale ». La croissance des ventes de l'entreprise est historiquement proche des 15 % par an et c'est plutôt cette croissance-là que nous devrions continuer d'observer à l'avenir. Autrement dit, le chiffre d'affaires de l'entreprise devrait (environ) doubler tous les 5 ans.

Par ailleurs, la société confirme avoir continué à investir dans sa croissance avec des recrutements (« renforcement de l'organisation »), donc le compte de résultat devrait être temporairement déprimé.

Retournons à la lecture du communiqué (qui doit être en toute rigueur confirmée par celle du rapport financier annuel qui paraîtra le 30 janvier) :

Normes IFRS (en M€)	**2019-2020**	**2020-2021**	**2021-2022**
Chiffre d'affaires	118,9	163,5	141,4
Marge brute	63,1	93,2	75,9
% du chiffre d'affaires	*53,1 %*	*57 %*	*53%*
Ebitda ajusté	10,0	21,6	8,4
% du chiffre d'affaires	*8,4 %*	*13,2 %*	*5,8 %*
Résultat opérationnel courant	8,1	19,5	4,8
% du chiffre d'affaires	*6 ?8 %*	*11,9 %*	*3,3 %*
Résultat opérationnel	7,7	19,4	4,4
Résultat financier	(0,0)	(0,0)	(0,0)
Charges d'impôts	(3,0)	(5,2)	(1,4)
Résultat net	4,7	14,2	2,7

■ Chiffre d'affaires en repli annuel, mais retour progressif à la croissance

Après quatre trimestres consécutifs de décroissance, liés à la surconsommation en ligne des ménages européens durant les périodes de confinement, *vente-unique.com* a retrouvé le chemin de la croissance au 4e trimestre de l'exercice 2021-2022 (+ 5,1 %), conformément à son objectif. Cette progression est purement organique, les nouveaux services de sous-traitance logistique et de place de marché impactant le prochain exercice.

Le chiffre d'affaires annuel s'inscrit en retrait de 12,3 % sur 12 mois, à 143,4 M€, mais en progression de + 20,7 % sur 2 ans.

Le niveau d'activité reste nettement supérieur à celui qui prévalait avant la crise sanitaire, preuve de la poursuite inéluctable du mouvement de transformation digitale du marché de l'ameublement en Europe. Mais il faudra continuer à surveiller ce point : si le niveau d'activité est bien supérieur à celui qui prévalait avant la pandémie, le taux de croissance a un peu ralenti.

Le taux de croissance reste tout de même honorable et supérieur à 10 % par an, mais les coûts de l'entreprise, qui a procédé à de nombreux recrutements et investissements publicitaires (en plus des progressions du coût du fret, de l'inflation et des taux de change défavorables), ont progressé plus rapidement que les ventes, déprimant ainsi les bénéfices de l'entreprise.

■ 16e exercice bénéficiaire consécutif

Alors que la société était parvenue à juguler l'impact des vents contraires au 1er semestre 2021-2022 grâce à ses anticipations (sécurisation des approvisionnements) et à l'ajustement de sa politique tarifaire, l'effet cumulé de la hausse des prix du fret et des variations monétaires a fortement impacté la marge brute sur la seconde moitié de l'année.

Il en ressort un taux de marge brute de 53,0 %, en repli de 4 points sur un an et proche de son niveau de l'exercice 2019-2020.

Dans ce contexte, la société a réduit de 6 % ses dépenses opérationnelles courantes pour compenser en partie le repli du volume d'activité.

Vente-unique.com a toutefois mis en place une organisation robuste capable d'absorber la croissance des prochaines années et de maintenir un haut niveau de qualité de services pour supporter son plan de développement à moyen terme.

Il en ressort un EBITDA ajusté de 8,4 M€ sur l'exercice 2021-2022. Après prise en compte des dotations aux amortissements et provisions, en progression à 2,0 M€ du fait des investissements technologiques engagés (renouvellement de l'ERP propriétaire, lancement de la place de marché) et de la valorisation des plans d'actions gratuites (impact comptable de 1,5 M€), le résultat opérationnel courant ressort à 4,8 M€.

Compte tenu des autres charges et d'une charge d'impôts de 1,4 M€, le bénéfice net annuel ressort à 2,7 M€. *Vente-unique.com* réalise ainsi un 16e exercice consécutif bénéficiaire.

Même si le bénéfice est en forte baisse, *vente-unique.com* est dans une situation particulièrement favorable vis-à-vis de ses concurrents.

■ Trésorerie robuste pour investir et offrir du rendement aux actionnaires

Grâce à son solide niveau de trésorerie en début d'exercice (22,8 M€) et à une marge brute d'autofinancement de 5,4 M€, *vente-unique.com* a pu investir dans ses stocks (+ 7,0 M€) et dans ses leviers de développement (+ 1,9 M€) autour de la logistique et de la place de marché. La trésorerie en fin d'exercice ressort ainsi à 18,9 M€. Soulignons que la société ne supporte aucune dette bancaire.

En décembre, *vente-unique.com* a procédé au versement d'un dividende de 0,28 €/action, pour un montant total de 2,7 M€ afin de confirmer sa politique régulière de retours aux actionnaires sans impacter ses marges de manœuvre financières.

Il est important de constater que le bilan reste sain car « pour prospérer, il faut d'abord survivre ».

■ Perspectives de retour progressif à la croissance et amélioration des marges

Vente-unique.com s'est engagé avec confiance dans le nouvel exercice.

Le paysage concurrentiel est en cours d'assainissement et le travail de fond engagé au service de la satisfaction clients est désormais reconnu, illustré par le prix Élu service client de l'année 2023 dans la catégorie Mobilier et décoration.

En outre, la société engage cette année une accélération de sa stratégie B2B avec l'intégration de la gestion logistique de la plateforme d'Amblainville pour compte propre et pour compte de tiers (6 M€ de chiffre d'affaires en 2021-2022) au 1er octobre 2022 (rachat du fonds de commerce de Distri Service pour 2,8 M€) et le lancement de sa place de marché.

La montée en puissance programmée depuis septembre 2022 se déroule conformément au plan de marche en France et le déploiement international sera engagé dans les prochaines semaines avec une priorité donnée à l'Europe du Sud.

Ces éléments devraient permettre de renouer progressivement avec la croissance en 2022-2023 et, grâce à la gestion toujours stricte des dépenses opérationnelles et des investissements, d'améliorer les résultats.

Vente-unique.com compte ainsi reprendre sa marche en avant vers ses objectifs à moyen terme.

Il faudra donc surveiller à la fois l'évolution des ventes (retour à un taux de croissance compris entre 10 et 15 % par an), et le rétablissement des marges.

Résultats de l'année 2023

Dans le « Communiqué de presse – Résultats annuels 2022-2023 », paru de 9 janvier 2024, *vente-unique.com* publie qu'elle reste fidèle à sa dynamique de croissance rentable avec :

- Un volume d'affaires global annuel record de plus de 200 M€.
- Un chiffre d'affaires annuel consolidé du Groupe (intégrant les activités de logistique) en progression de + 13,1 %, conforme au taux de croissance annuel moyen sur 10 ans.
- Un résultat opérationnel courant multiplié par 2 par rapport à l'exercice 2021-2022.
- Un résultat net de 7,1 M€, en très forte progression par rapport à l'exercice 2021-2022.
- Un niveau de trésorerie en hausse à 27,7 M€ malgré le rachat des actifs de Distri Service et les versements de dividendes (pour rappel, *vente-unique.com* n'a pas de dette financière).

La société s'attend par ailleurs à la poursuite d'une bonne dynamique de l'activité sur l'exercice 2023-2024, notamment grâce au déploiement continu de la place de marché en Europe.

Notons que toutes les données doivent être vérifiées dans le rapport financier qui paraît plus tard que le communiqué (le 30 janvier 2024). Après vérification, les données standard communiquées sont exactes. Seules certaines données qui n'ont pas de définition comptable sont difficiles à vérifier.

Enfin, il faut aussi penser à vérifier les *cash-flows* par rapport au résultat net dans le rapport financier, comme nous l'avons expliqué précédemment sur plusieurs exemples. Ici, il n'y a *a priori* aucune inquiétude particulière à avoir du fait de l'augmentation tangible du poste trésorerie au bilan.

Les chiffres donnés dans le communiqué sont les suivants :

	Vente-unique.com SA	**Vente-unique.com SA**	**Groupe Vente unique.com**[1]
Normes IFRS (en M€)	**2021-2022**	**2022-2023**	**2022-2023**
Chiffre d'affaires	143,4	155,5	162,3
Marge brute	75,9	84,5	91,3
% du chiffre d'affaires	*53 %*	*54,4 %*	*56,2 %*
Ebitda ajusté	8,4	11,5	17,3
% du chiffre d'affaires	*5,8 %*	*7,4*	*10,7*
Résultat opérationnel courant	4,8	9,6	10,6
% du chiffre d'affaires	*3,3 %*	*6,2 %*	*6,5 %*
Résultat opérationnel	4,4	9,5	10,4
Résultat financier	(0,2)	(0,1)	(0,8)
Charges d'impôts	(1,4)	(2,4)	(2,5)
Résultat net	2,7	7,0	7,1

1 Au 1er octobre 2022, le groupe Vente-unique.com a été constitué. Il est constitué des sociétés Vente-unique.com et de ses filiales détenues à 100 %, à savoir Vente-unique Logistics AMB (activité de logistique issue du rachat des actifs de Distri Service), Vente-unique Delivery (activité de livraison) et Vente-unique Services (centre d'appels). À ce titre, il n'y a pas de comparables. À des fins d'information, les données reprise des exercices précédents correspondent aux données publiées de Vente-unique.com en normes IFRS.

Nous notons que le niveau de marge opérationnelle revient à un niveau plus conforme à la moyenne historique, sans toutefois l'atteindre. Il faudra rester vigilant à ce que cette tendance se poursuive sur le long terme.

Faut-il s'alarmer pour autant ? D'après mon expérience sur les business Internet, je dirais que non. Beaucoup d'entreprises à succès dans ce secteur, y compris Google et Meta (ex-Facebook) investissent une partie de leurs résultats dans leur croissance à long terme.

Dans un business plus traditionnel, comme les entreprises industrielles par exemple, ces investissements ne seraient pas déduits dans le compte de résultat, mais seraient comptabilisés en tant qu'investissements dans le tableau des flux de trésorerie (*cash-flow statement*). Seul l'amortissement annuel de ces investissements serait comptabilisé en dépense dans le compte de résultat.

Ici, le fait que l'on puisse passer en dépense la totalité des coûts d'acquisition des clients (publicités principalement) et des investissements liés au site Internet et de construction de la place de marché de *vente-unique.com* réduit bien évidemment le résultat opérationnel de l'entreprise.

Il semble raisonnable de supposer que le jour où les investissements de croissance sont réduits, les marges vont naturellement augmenter. On devrait pouvoir le vérifier :

- lorsque la place de marché sera lancée (lancement prévu début 2024) ;
- lorsque la croissance naturelle de la base de clients de *vente-unique.com* sera plus forte sans investissements (ce qui ne peut se produire qu'au-delà d'une certaine masse critique, à un moment qu'il nous est forcément difficile de prévoir… bien qu'on puisse raisonnablement espérer que cela se produise au cours des 5 prochaines années).

Ainsi, si tout ce que nous avons écrit précédemment se révèle exact, nous devrions observer un certain redressement des marges dès 2024… À moins que *vente-unique.com* n'accélère ses investissements de croissance dès l'arrêt de la place de marché.

Il est généralement risqué d'accélérer de tels investissements car le retour sur investissement a tendance à baisser avec une augmentation trop rapide des budgets publicitaires, mais nous ne disposons pas de données suffisantes pour estimer l'efficacité publicitaire de *vente-unique.com* et donc ses capacités à augmenter profitablement ses investissements de croissance.

Après cette analyse, on peut continuer notre lecture du communiqué des résultats 2023.

Nous pouvons facilement vérifier que Home 24, un business allemand qui était le plus gros acteur de l'ameublement en Europe, était orienté vers une faille avant qu'il n'ait été acquis et recapitalisé par une holding allemande, XXXLutz.

De même, Westwing, le second plus gros business allemand du secteur, a publié d'énormes pertes cash (qu'elle a atténuées au compte de résultat par une comptabilité « astucieuse ») au cours des dernières années.

Et *vente-unique.com* est le seul acteur coté en Bourse qui ait été profitable chaque année depuis plus de 10 ans, y compris sur la période post-Covid.

Comme nous le disions, « pour prospérer, il faut d'abord survivre », et *vente-unique.com* devrait pouvoir assurer sa survie dans un contexte concurrentiel particulièrement favorable… Même s'il faudra évidemment continuer à le vérifier.

■ Un chiffre d'affaires record

La société annonce un volume d'affaires annuel global qui dépasse pour la première fois la barre symbolique des 200 M€ (201,7 M€, en croissance de + 18,2 %).

Cette donnée n'est pas vérifiable, mais elle semble raisonnable. Du fait de la place de marché en France, on peut s'attendre à ce que les progressions du chiffre d'affaires global diffèrent, avec dans un premier temps une croissance moindre du chiffre d'affaires (le volume d'affaire et le chiffre d'affaires diffèrent car, dans le volume d'affaire global, une vente sur la place de marché est comptabilisée au prix HT de la marchandise, tandis que ce qui revient à *vente-unique.com* n'est que sa commission HT).

Cela démontre la montée en puissance de la place de marché, en progression régulière mois après mois dans les pays où elle a été déployée au cours de l'exercice. Porté tout au long de l'exercice par une belle dynamique commerciale et le meilleur 4e trimestre de son histoire (+ 20,4 %), le Groupe Vente-Unique.com atteint un chiffre d'affaires consolidé de 162,3 M€, en progression de 13,1 % sur un an. Le chiffre d'affaires est bien un record historique et on peut s'attendre à ce qu'il soit battu en 2024 si la tendance du premier trimestre se poursuit.

Encore une fois, ce n'est pas parce que nous avons un record en termes de chiffre d'affaires que nous aurons un record en termes de marges (et nous savons que ce ne sera pas le cas car le groupe a déjà produit plus de 12 % de marge d'EBITDA et environ 8 % de marge nette : ici, même la marge opérationnelle, qui ne comprend pas les taxes, n'atteint pas les 8 %).

■ Un 17e exercice bénéficiaire consécutif

L'activité e-commerce du Groupe (intégrant l'activité e-commerce et les commissions générées par la place de marché) ressort à 155,5 M€ (+ 8,4 %). Dans un contexte délicat, *vente-unique.com* a su tirer profit de la transformation digitale du marché du mobilier et de la décoration en proposant à ses clients une large gamme de produits (en direct ou *via* sa place de marché) au meilleur prix, disponibles rapidement, avec une expérience client premium.

Grâce à un excellent sourcing fournisseurs et à l'agilité de la politique commerciale du Groupe, *vente-unique.com* réalise son 17e exercice bénéficiaire consécutif. Les raisons en sont les suivantes :

- *Vente-unique.com* est parvenu à améliorer nettement son taux de marge brute sur l'exercice, à 56,2 %, et se rapproche du niveau de l'exercice 2020-2021.

- L'EBITDA ajusté du Groupe ressort à 17,3 M€, soit 10,7 % du chiffre d'affaires.
- L'optimisation des dépenses en livraison et logistique, grâce à l'intégration des expertises, a permis de renforcer de façon maîtrisée l'intensité marketing et d'investir dans les talents et la structure pour préparer la croissance future.
- L'intégration du pôle Logistique dans le périmètre du Groupe a un impact positif de + 3,2 points sur la marge d'EBITDA ajusté (dont 2,4 points liés au retraitement des loyers du site d'Amblainville en application de la norme IFRS 16).
- Les dotations aux amortissements et provisions atteignent 5,4 M€ (+ 3,4 M€ par rapport à 2021-2022), du fait de l'intégration des activités de logistique dans le périmètre du Groupe.
- Le résultat opérationnel courant ressort à 10,6 M€, soit 6,5 % du chiffre d'affaires consolidé.
- Après la prise en compte des autres charges et d'une charge d'impôts de 2,5 M€, le bénéfice net annuel ressort à 7,1 M€, en forte hausse par rapport à 2021-2022 (+ 4,4 M€).

■ Forte génération de trésorerie sur l'exercice

Déjà doté d'un solide niveau de trésorerie en début d'exercice à 19,0 M€, *vente-unique.com* a généré une marge brute d'autofinancement de 14,8 M€. Cet excédent de trésorerie, accompagné d'une optimisation du niveau de stocks (– 3 M€) et d'un modèle nécessitant peu d'investissements récurrents, a permis de couvrir le rachat des actifs de Distri Service 3 (2,8 M€) ainsi que la politique de retour aux actionnaires (4,8 M€ de dividendes versés en décembre 2022 et en mai 2023) sans impacter ses marges de manœuvre financières.

La trésorerie de clôture atteint un niveau record, à 27,7 M€, incluant 1,1 M€ d'actions auto détenues rachetées au cours de l'exercice en vue de l'attribution aux bénéficiaires des plans d'actions gratuites en place.

Par rapport à ce que nous écrivions au début de cette lecture et analyse, on peut penser que nous trouverons dans le tableau des flux de trésorerie du rapport exactement tout ce que nous venons de lire ci-dessus.

Le *free cash-flow* de l'année n'est pas parfaitement calculable car le niveau des acquisitions d'immobilisations est inconnu, mais on peut être certain qu'il est supérieur au résultat net de l'exercice (rien qu'en calculant la différence entre la trésorerie de clôture de l'exercice et celle d'ouverture).

■ De nombreux leviers de croissance pour l'exercice à venir

Vente-unique.com entend consolider son statut d'acteur de confiance dans le marché de la vente en ligne de mobilier et de décoration en allant encore plus loin dans l'expérience client. Le Groupe souhaite travailler à l'enrichissement de l'expérience client, par la richesse de l'offre, la qualité des services disponibles et le programme de fidélité. Cette démarche centrée sur le client fait partie de l'ADN de *vente-unique.com* et est rendue possible par la gestion en interne des différentes compétences, en particulier le service client et la logistique.

L'exercice qui s'ouvre sera marqué par la poursuite du déploiement de la place de marché en Europe sur de nouveaux marchés (Pays-Bas et Portugal) au cours du 1er semestre 2024.

Au cœur des objectifs à moyen terme du Groupe, le développement de celle-ci s'accompagnera de nouvelles sources de revenus directs (commission prélevée sur le chiffre d'affaires du vendeur, prestations de logistique et revenus publicitaires) et indirects (favorisation de la transformation, des achats croisés et du rachat).

Le Groupe absorbera la perte d'activité logistique réalisée pour le compte d'Habitat Design International, peu contributrice (0,3 M€ de résultat opérationnel pour 6,6 M€ de revenus en 2022-2023), par la conquête de nouveaux clients pour son activité de logistique et ses propres besoins liés à sa croissance d'activité e-commerce.

Le Groupe Vente-unique.com aborde donc l'exercice avec confiance, fort d'un 1er trimestre de l'exercice 2023-2024 qui devrait afficher une croissance à deux chiffres. Prochain rendez-vous : le chiffre d'affaires du 1er trimestre 2023-2024 (disponible le 8 février 2024).

Bien sûr, on lira toutes les publications business du groupe, y compris l'annonce du chiffre d'affaires, mais c'est avant tout l'annonce des résultats qui va nous intéresser. Chez *vente-unique.com,* cette lecture intervient uniquement de manière semestrielle.

■ Le *free cash-flow*

Pour terminer, calculons le *free cash-flow* de l'exercice 2022 à partir du rapport financier annuel de *vente-unique.com.*

La page du tableau des flux de trésorerie donne les informations suivantes :

FLUX DE TRÉSORERIE LIÉS À L'ACTIVITÉ	
RÉSULTAT NET	**7 099**
Dotations aux amortissements	6 615
Plus/Moins-value de cessions d'immobilisations	44
Variation des provisions	-16
Impôts différés	-197
Produits et charges sans contrepartie en trésorerie	1 299
MARGE BRUTE D'AUTOFINANCEMENT	**14 844**
Variation du besoin en fonds de roulement	6 286
Flux net de trésorerie généré par l'activité	**21 130**
FLUX DE TRÉSORERIE LIÉS AUX OPÉRATIONS D'INVESTISSEMENT	
Acquisitions d'immobilisations	-4 926
Cessions d'immobilisations	1 103
Flux net de trésorerie lié aux opérations d'investissement	**-3 822**
FLUX DE TRÉSORERIE LIÉS AUX OPÉRATIONS DE FINANCEMENT	
Dividendes versés	-4 831
Souscriptions d'emprunts	400
Souscription dette locative (crédit-bail)	49
Remboursements d'emprunts	-18
Remboursements dettes locatives	-4 105
Rachats des actions propres	-103
Flux net de trésorerie lié aux opérations de financement	**-8 608**
Variation nette de la trésorerie	**8 700**
Trésorerie nette en début d'exercice	**19 005**
Trésorerie nette à la fin de l'exercice	**27 705**

On lit que le flux de trésorerie généré par l'activité a été de 21,13 M€, et que l'investissement net dans les immobilisations (où il y a eu des cessions) a été de 3,82 M€. La différence entre les deux constitue le *free cash-flow.*

Le *free cash-flow* est donc de 21,13 – 3,82 = 17,31 M€.

Chiffre d'affaires annuel (publié le 13 novembre 2024)

Vente-unique.com se distingue par un nouvel exercice de forte croissance :

- Volume d'affaires global annuel record de 233,2 M€, en progression de + 15,6 % sur un an.
- Chiffre d'affaires de 178,7 M€ (+ 10,1 %), dans la trajectoire de croissance historique à deux chiffres du Groupe et conforme à l'objectif annoncé.

- Nouvel exercice de croissance rentable, comme promis, avec une marge d'EBITDA ajustée annuelle attendue toujours exemplaire à plus de 10 %.

Normes IFRS (en k€)	T4 2023	T4 2024	Variation T4 2023-2024	2023	2024	Variation 2023-2024
Volume d'affaires global	55 170	60 682	+10,0 %	201 740	233 239	+15,6 %
Chiffre d'affaires	43 341	46 103	+6,4 %	162 254	178 655	+10,1 %
Dont e-commerce	*42 120*	*45 785*	*+8,7*	*155 519*	*176 095*	*+13,2 %*
Dont logistique	*1 221*	*319*	*–73,9 %*	*6 735*	*2 550*	*–62,0 %*

Dans un contexte toujours morose pour la consommation des ménages, notamment en France, et malgré un effet de base exigeant (croissance du volume d'affaires global proche de + 30 % et augmentation du chiffre d'affaires supérieure à + 20 % au 4e trimestre 2022-2023), *vente-unique.com* parvient une fois de plus à maintenir une croissance solide au 4e trimestre 2023-2024. Sur ce 4e trimestre, le volume d'affaires global progresse de + 10,0 % pour atteindre 60,7 M€ et le chiffre d'affaires ressort à 46,1 M€, en croissance de + 6,4 % par rapport au 4e trimestre 2022-2023.

Après une croissance annuelle de + 18,2 % sur l'exercice précédent, le volume d'affaires global connaît une nouvelle progression de + 15,6 % sur l'exercice et ressort à 233,1 M€. Le chiffre d'affaires connaît également une croissance solide et atteint 178,7 M€ (+ 10,1 % par rapport à 2022-2023), conformément à l'objectif annuel d'une croissance à deux chiffres. Cette performance est d'autant plus remarquable qu'elle est réalisée dans un marché de l'ameublement en retrait conjoncturel (-5,8 % en France sur l'exercice 2023-2024 à fin septembre).

Vente-unique.com est ainsi parvenu à gagner des parts de marché, grâce à l'excellent positionnement des produits proposés, au dynamisme de la place de marché ainsi que la qualité reconnue de son service client.

Le chiffre d'affaires Logistique est naturellement en retrait du fait du défaut de l'ancien premier client externe de cette activité (1,5 M€ en 2024 contre 6,6 M€ en 2023). Retraité de ce client, l'activité est en forte croissance (1,1 M€ en 2024 contre 0,1 M€ en 2023).

Comme annoncé, le Groupe est parvenu à convaincre de nouveaux partenaires pour cette activité stratégique qui permet d'offrir une prestation globale et unique en son genre aux clients de la place de marché.

À ce titre, *vente-unique.com* annonce également avoir signé un contrat avec un nouveau client pour ses activités logistiques, qui occupera environ 6 500 m², soit 8 % de la capacité de sa plateforme d'Amblainville, à compter du 1er janvier 2025.

■ Une activité en croissance sur tous les segments géographiques

Normes IFRS (en k€)	T4 2023	T4 2024	Variation T4 2023-2024	2023	2024	Variation 2023-2024
Chiffre d'affaires e-commerce	42 120	45 785	+8,7 %	155 519	176 095	+13,2 %
Dont France	*21 609*	*21 690*	*+0,4 %*	*81 270*	*84 625*	*+4,1 %*
Dont Europe du Nord et de l'Est	*14 536*	*16 455*	*+13,2 %*	*52 336*	*64 275*	*+22,8 %*
Dont Europe du Sud	*5 975*	*7 640*	*+27,9 %*	*21 914*	*27 195*	*+24,1 %*

Le chiffre d'affaires e-commerce, qui intègre les commissions générées par la place de marché, affiche toujours une croissance dans toutes les régions au 4e trimestre 2023-2024, avec notamment une dynamique toujours solide en Europe du Nord et de l'Est (+ 13,2 %) et une performance remarquable en Europe du Sud (+ 27,9 %). Enfin, la France (+ 0,4 %) reste stable dans un environnement baissier pour les dépenses d'ameublement.

La croissance du Groupe a de nouveau été portée par la place de marché, qui rencontre toujours un succès croissant dans les 8 pays où elle est déployée. En effet, la part de celle-ci dans le volume d'affaires global gagne près de 5 points sur l'année glissante. En particulier, la progression se montre toujours régulière en France (près de 17 % du volume d'affaires e-commerce en septembre 2024 contre environ 14 % en septembre 2023) et a été remarquable aux Pays-Bas et au Portugal, seulement six mois après l'ouverture dans ces pays.

La place de marché, à la base du modèle vertueux du Groupe, confirme ainsi son rôle de relais de croissance en permettant de proposer aux clients une offre élargie, adaptée à tous les budgets.

■ Un nouvel exercice de croissance rentable

Comme chaque année depuis sa création et conformément aux engagements pris, *vente-unique.com* a réalisé un nouvel exercice de croissance rentable.

Malgré une conjoncture moins favorable sur le second semestre et des investissements réalisés pour fidéliser et conquérir de nouveaux clients, le Groupe s'attend à dégager pour l'exercice clos au 30 septembre 2024 une marge d'EBITDA ajustée toujours solide et exemplaire, autour de celle de l'exercice précédent (10,7 %).

Le Groupe a également enregistré sur l'exercice des coûts ponctuels maîtrisés (0,8 M€) liés à la relance d'Habitat.

■ Des investissements d'avenir

vente-unique.com a poursuivi, au cours de l'exercice, ses investissements stratégiques au service de la satisfaction de ses clients pour continuer à délivrer croissance et rentabilité dans le futur.

Sur le plan commercial, au-delà du développement continu de la place de marché, l'exercice a été marqué par la reprise de la marque iconique Habitat. La relance de ce fleuron de l'ameublement européen, précurseur du premium accessible, a démarré cet automne avec la révélation des premiers éléments de la nouvelle collection.

Sur le plan logistique, *vente-unique.com* a annoncé se doter d'une seconde plateforme logistique de 62 000 m², sous la forme d'un bail en état futur d'achèvement (BEFA). Ce nouveau site logistique d'ampleur permettra au Groupe d'accompagner la croissance attendue de ses flux logistiques et de doubler ses capacités actuelles à l'horizon 2026 sans porter les investissements dans le bâtiment (hors aménagements).

On note que l'entreprise serait revenue à une meilleure rentabilité donc, comme ses ventes ont progressé, les bénéfices devraient naturellement suivre. La marge n'est pas à un niveau record car l'entreprise dit poursuivre ses investissements de croissance, ce qui semble tout à fait sensé au regard de la dynamique saine observée sur les ventes.

La publication des résultats 2024 se fera en janvier 2025 et il nous faudra alors refaire le même travail d'analyse que celui exposé ici en janvier 2024 pour l'exercice 2023.

M81214 - (I) - OSB 80° - NOC - MSN
Dépôt légal : mai 2025
N° 2997567Z

DUPLIPRINT
733, rue Saint-Léonard
53100 MAYENNE

Imprimé en France